Suppen und
Eintöpfe

Peter Nikolay

Suppen und Eintöpfe

Die besten Rezepte

Bassermann

INHALT

HIER GEHT ES HEISS ZUR SACHE

Klassiker mit langer Tradition

Suppen und Eintöpfe gehören zu den ältesten Gerichten der Welt und sind dennoch auch heute sehr beliebt. Früher hatten sie eher die Bedeutung eines Hauptgerichtes. Durch immer reichhaltigere Speisenfolgen haben Suppen und Eintöpfe diese Bedeutung etwas verloren. Dafür gibt es aber keinen Grund, denn sie sind eigenständige Hauptmahlzeiten und durch die Vielfalt ihrer Zutaten auch sehr abwechslungsreich.

1001 Idee für jede Gelegenheit

Suppen und Eintöpfe gibt es aus allen Regionen der Welt, daher kommt auch die große Vielfalt der Rezepte. Die unterschiedlichsten Zutaten lassen sich zu immer neuen Kreationen kombinieren, aber auch klassische Suppen und Eintöpfe haben ihren Reiz. Es gibt sie püriert oder stückig, klar oder gebunden, kalt oder warm, einfach oder edel – hier kommt jeder auf seine Kosten.

In diesem Buch werden Rezepte zu Suppen und Eintöpfen mit Fleisch, Geflügel oder Fisch, sowie vegetarische Suppen und Eintöpfe und ausgefallene Varianten aus aller Welt präsentiert. Bei dieser Vielfalt ist garantiert für jeden etwas dabei. Suppen und Eintöpfe lassen sich auch hervorragend für eine größere Personenzahl zubereiten, denn wenn die Zutatenmengen erhöht werden, ändert sich die Zubereitungszeit nur durch das Vorbereiten und Zerkleinern der Zutaten und nicht durch die Garzeit. Dadurch eignen sie sich auch hervorragend für Feiern, bei denen größere Mengen eines Gerichtes zubereitet werden müssen.

Grundrezepte für Fonds und Brühen

Entscheidend für das Gelingen einer guten Suppe oder eines Eintopfes sind frische Zutaten, gute Brühen bzw. Fonds und eine sorgfältige Zubereitung.

Fonds und Brühen können Sie sehr gut vorbereiten und portionsweise einfrieren, so daß Sie nicht für jede Suppe bzw. jeden Eintopf eine neue Brühe oder einen neuen Fond kochen müssen.

Kalbsfond (ca. 2 l)

200 g Zwiebeln

1 Möhre

150 g Knollensellerie

1 Stange Porree

½ Bund Petersilie

1 Zweig Thymian

1,5 kg Kalbsknochen, in kleine Stücke gehackt

5 l Wasser

2 Lorbeerblätter

1 EL Salz, 5 schwarze Pfefferkörner

1. Die Zwiebeln, die Möhre und den Sellerie schälen und in etwa 2 cm große Stücke schneiden. Den Porree putzen, waschen und ebenfalls in etwa 2 cm große Stücke schneiden. Die Petersilie und den Thymian waschen.

2. Die Knochen zusammen mit 2,5 l kaltem Wasser in einem großen Topf aufkochen lassen, das Wasser abschütten und die restlichen 2,5 l Wasser angießen. Das Ganze erneut aufkochen und danach noch etwa 15 Minuten zugedeckt köcheln lassen. In dieser Zeit den entstehenden Schaum abschöpfen.

3. Danach das kleingeschnittene Gemüse, die Kräuter und die Würzzutaten in den Fond geben und alles etwa 3 Stunden zugedeckt köcheln lassen. Zum Schluß den Fond durch ein feines Sieb geben.

Rinderfond, Lammfond, Wildfond und Geflügelfond

Sie lassen sich auf die gleiche Art herstellen wie der Kalbsfond. Tauschen Sie nur die Kalbsknochen durch Knochen der jeweiligen Tierart aus.

Fischfond (ca. 2 l)

1 Möhre

300 g Zwiebeln

150 g Petersilienwurzeln oder Knollensellerie

1 Stange Porree

1,5 kg Fischgräten und -schwänze

2,5 l Wasser

Saft von 1 Zitrone

1 Lorbeerblatt

1 TL Salz

5 schwarze Pfefferkörner

1. Die Möhre, die Zwiebeln und die Petersilienwurzel oder den Sellerie schälen und in etwa 2 cm große Stücke schneiden. Den Porree putzen, waschen und ebenfalls in etwa 2 cm große Stücke schneiden.

2. Die Fischgräten und die -schwänze waschen, in etwa 5 cm große Stücke schneiden und zusammen mit dem kalten Wasser in einem großen Topf aufkochen lassen. Das Ganze danach 10 Minuten köcheln lassen und den entstehenden Schaum abschöpfen.

3. Das Gemüse, den Zitronensaft und die Würzzutaten in den Fond geben und alles noch ungefähr 1½ Stunden zugedeckt köcheln lassen.

4. Den Fond vom Herd nehmen und vorsichtig durch ein feines Sieb geben.

Gemüsebrühe (ca. 2 l)

100 g Petersilienwurzeln oder Knollensellerie

2 Zwiebeln

1 Möhre

1 Stange Staudensellerie

1 Stange Porree

1 Fleischtomate

4 Champignons

1 Zweig Thymian

2 EL Butter

2,5 l Wasser

2 Lorbeerblätter

1 TL Salz

5 schwarze Pfefferkörner

1. Die Petersilienwurzeln oder den Sellerie, die Zwiebeln und die Möhre schälen und in etwa 2 cm große Stücke schneiden. Den Porree, den Sellerie, die Tomate und die Champignons waschen und in etwa 2 cm große Würfel schneiden.

2. Das gesamte Gemüse in der Butter in einem großen Topf etwa 3 Minuten andünsten und mit dem Wasser ablöschen. Den Thymian und die Würzzutaten in die Brühe geben und alles etwa 1 Stunde zugedeckt köcheln lassen.

3. Die Brühe durch ein feines Sieb geben.

Anstelle des genannten Gemüses können Sie auch andere Sorten bzw. Gemüsereste verwenden.

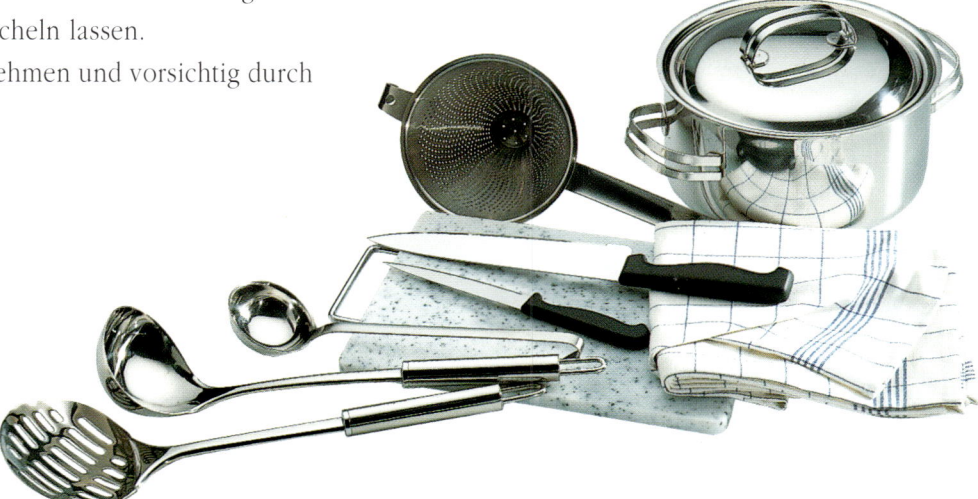

Tips zu Fonds und Brühen

◆ Um den eigenständigen Geschmack der jeweiligen Suppe zu unterstreichen, sollten Sie möglichst keine Brühwürfel verwenden, sondern auf selbst zubereitete Fonds oder Brühen oder fertig erhältlichen Fond aus dem Glas zurückgreifen.

◆ Sollte Ihnen ein Fond oder eine Brühe durch zu langes Kochen trüb geworden sein, dann können Sie die Flüssigkeit durch Rinderhackfleisch wieder klären. Geben Sie dafür pro Liter Brühe oder Fond 250 g Rinderhackfleisch oder Tatar in die kalte Flüssigkeit und rühren Sie alles gut durch. Erhitzen Sie die Flüssigkeit ganz langsam, ohne zu rühren. Lassen Sie den Fond bzw. die Brühe etwa 10 Minuten köcheln (nicht sprudelnd kochen, sonst wird die Flüssigkeit nicht klar). Die Brühe bzw. den Fond nach dem Köcheln etwas erkalten lassen und danach vorsichtig durch ein Passiertuch oder ein Haarsieb geben. Sie können den Kläreffekt durch Vermengen des Fleisches mit frischem Hühnereiweiß vor der Zugabe zu der Brühe bzw. dem Fond noch verstärken (1 Eiweiß auf 250 g Hackfleisch).

Tips zum Zubereiten von Suppen und Eintöpfen

◆ Zum Pürieren einer Suppe wird ein Teil der Flüssigkeit mit einem Teil der festen Bestandteile in einen Mixer gegeben. Nach einem Pürierdurchgang wird die restliche Suppe auf die gleiche Weise zerkleinert. Noch einfacher läßt sich eine Suppe pürieren, wenn Sie dies direkt im Kochtopf mit dem Pürierstab machen.

◆ Eine Suppe läßt sich mit einer Legierung aus Sahne und Eigelb binden. Für 1 l Suppe benötigen Sie 125 g Sahne, die Sie mit 3 Eigelben und etwa 150 ml Suppe verquirlen. Geben Sie diese Mischung unter Rühren in die heiße Suppe, und lassen Sie das Ganze noch etwa 2 Minuten ziehen, aber nicht kochen, da die Suppe sonst gerinnt.

◆ Falls Ihnen eine Suppe oder ein Eintopf zu kräftig geworden ist, können Sie das Gericht mit Brühe oder Fond verdünnen.

◆ Sollten Sie keine Schalotten für die Zubereitung der Suppen und Eintöpfe bekommen, können Sie sie durch Zwiebeln ersetzen. Nehmen Sie jedoch etwas weniger Zwiebeln als die angegebene Schalottenmenge.

◆ Wenn Sie die in den Zutatenlisten angegebenen Öle nicht erhalten, tauschen Sie sie jeweils durch Pflanzenöl aus. Spezialöle, wie Walnuß-, Nuß-, Kürbiskern- und andere Öle, sind in einigen Supermärkten in kleinen Flaschen (ca. 100 ml Inhalt) erhältlich. Es bietet sich an, diese zu kaufen, wenn Sie nur eine kleine Menge benötigen. Übrigens: Bewahren Sie Öle dunkel auf, dann halten sie sich länger.

◆ Sie sollten Suppen und Eintöpfe immer in vorgewärmten Tellern servieren. Stellen Sie dazu die Teller für etwa 10 Minuten in den auf 140° C vorgeheizten Ofen. Die Suppe bleibt in den angewärmten Tellern länger heiß.

◆ Suppen und Eintöpfe lassen sich oft einfrieren. Dabei kommt es jeweils auf die Art der Zutaten an. Eignet sich eine Suppe oder ein Eintopf besonders gut oder auch gar nicht zum Einfrieren, so ist das jeweils beim Rezept vermerkt.

◆ Sie sollten die Suppen und Eintöpfe generell nicht zu lange warm halten, denn die Zutaten können verkochen, verlieren an Aroma, Farbe und Vitaminen. Sollte eine Suppe sich nicht zum Aufwärmen eignen, so ist dies beim jeweiligen Rezept vermerkt.

◆ Wenn Sie eine Suppe mit einem Sahnetupfer garnieren wollen, sollten Sie dafür etwa 100 g Sahne schlagen. Eine kleinere Menge ist schwierig herzustellen. Die übriggebliebene Schlagsahne können Sie z. B. zu Sahnemeerrettich verarbeiten oder eine Sauce damit verfeinern. Eine weitere Möglichkeit ist, sie zu Obstsalat zu servieren oder auf Kakao bzw. Kaffee zu geben.

Tips zu den Rezepten

Die Arbeitszeiten

Sie sagen aus, wie lange Sie für die Zubereitung des Gerichts benötigen. Sonderzeiten und Garzeiten müssen hier noch dazugerechnet werden.

Die Sonderzeiten

Zeiten zum Marinieren, Quellen etc. werden unter dieser Rubrik extra ausgewiesen und müssen zu den Arbeitszeiten hinzugerechnet werden. Bei den Rezepten, bei denen etwas länger ruhen muß, empfiehlt es sich oft, während dieser Zeit schon mit anderen Vorbereitungen fortzufahren. So sparen Sie Zeit.

Die Garzeiten

Die angegebenen Garzeiten sind Mittelwerte und können zum Beispiel je nach Konsistenz des Gemüses schwanken. Die Garzeiten müssen zu den Arbeits- und Sonderzeiten hinzugerechnet werden.

Backofentemperaturen

Sie beziehen sich auf den normalen Elektroherd mit Ober- und Unterhitze. Wenn Sie mit Umluft arbeiten, reduzieren Sie die Temperatur um 20 bis 30 Prozent. Die Backzeit bleibt gleich.

Die Portionsangaben

Alle Rezepte – mit Ausnahme der Vorspeise und des Desserts für das Menü (Seite 88) – sind als sättigende Hauptmahlzeit für 4 Personen gedacht.

Die Kalorienangaben

Sie beziehen sich immer auf 1 Portion des Gerichts.

Die Zutatenmengen

Diese beziehen sich immer auf die ungeputzte Rohware. Bei Stückangaben (z. B. 1 Möhre) wird von einem Stück mittlerer Größe ausgegangen.

Die Beilagentips

Hier finden Sie Vorschläge für besonders geeignete Beilagen.

Die Rezeptvariationen

Hier erhalten Sie Anregungen, wie Sie einzelne Zutaten austauschen oder das Gericht auch einmal auf andere Weise zubereiten können.

Die praktischen Tips

Unter dieser Rubrik finden Sie Informationen zur Küchenpraxis und zur Warenkunde sowie zu Einkauf und Lagerung einzelner Lebensmittel.

Die Getränketips

Hier werden Hinweise gegeben, welche Getränke besonders gut mit dem Gericht harmonieren. Neben den in der Regel dort angegebenen alkoholischen Getränken sollten Sie aber immer Alkoholfreies (z. B. Mineralwasser und Obstsäfte) bereitstellen.

Die Abkürzungen

TL	= Teelöffel (gestrichen)
EL	= Eßlöffel (gestrichen)
Msp.	= Messerspitze
g	= Gramm (1000 g = 1 kg)
kg	= Kilogramm
ml	= Milliliter (1000 ml = 1 l)
cl	= Zentiliter (1 cl = 10 ml)
l	= Liter
kcal	= Kilokalorien
°C	= Grad Celsius
TK-...	= Tiefkühl-...
P.	= Päckchen

KARTOFFELSUPPE MIT FRÜHLINGSZWIEBELN

GETRÄNKETIPS

Ein Glas Sekt oder Champagner paßt sehr gut zu dieser Suppe.

1 Die Kartoffeln waschen, schälen und in kleine Stücke schneiden. Den Knoblauch und die Schalotten schälen und fein würfeln. Den Sellerie waschen und in kleine Stücke schneiden.

2 Die Hälfte des Öls zusammen mit der Butter erhitzen und darin das Gemüse und die Kartoffeln ungefähr 2 Minuten andünsten.

3 Die Gemüse-Kartoffel-Mischung etwas salzen, den Gemüsefond und die Sahne dazugeben und alles etwa 10 Minuten zugedeckt köcheln lassen.

4 Den Joghurt zur Suppe geben und alles im Mixer oder mit dem Pürierstab fein pürieren. Den Sekt dazugießen, die Suppe mit weißem Pfeffer, Salz und Cayennepfeffer abschmecken und dann zugedeckt warm halten.

5 Die Frühlingszwiebeln waschen, in etwa 1 cm große Stücke schneiden und im restlichen Öl glasig dünsten. Die Mandeln dazugeben.

6 Den Koriander waschen, die Blätter abzupfen. Die Suppe in tiefe Teller geben, die Zwiebel-Mandel-Mischung hineingeben und das Ganze mit dem Koriander garnieren.

BEILAGENTIP

Reichen Sie zur Suppe geröstetes Nußbrot oder Baguette.

REZEPTVARIATIONEN

◆ Wenn Sie keinen Koriander bekommen, ersetzen Sie ihn durch Kerbel.
◆ Wenn Sie statt des Sektes Champagner verwenden, verleihen Sie der Suppe ein edleres Aroma.
◆ Eine sehr ausgefallene Variante dieser Suppe können Sie mit blauen Kartoffeln zubereiten. Diese Kartoffelsorte ist, wenn auch selten, in sehr guten Gemüsegeschäften erhältlich. Ihre Verarbeitung ist mit der der herkömmlichen Kartoffeln gleich.

PRAKTISCHE TIPS

◆ Die Suppe eignet sich nicht zum Einfrieren, weil sie dann ihre schöne glatte Konsistenz verliert.
◆ Wenn Sie die Suppe lieber etwas flüssiger möchten, verdoppeln Sie die Sektmenge.

KÜRBISSUPPE MIT TOFU

Infoblock

◆ **Arbeitszeit: ca. 30 Minuten**
◆ **Garzeit: ca. 15 Minuten**
◆ **4 Portionen**
◆ **ca. 260 kcal je Portion**

Zutaten

700 g Kürbis
50 g Schalotten
2 EL Butter
1 TL brauner Zucker
½ l Milch
4 Eigelb
1 Prise Nelkenpulver
1 Prise geriebene Muskatnuß
1 Prise Cayennepfeffer
1 Prise Salz
100 g Tofu
1 TL Nußöl

GETRÄNKETIP

Ein Weißwein, z.B. eine halbtrockene Scheurebe oder ein halbtrockener Gewürztraminer, paßt zu dieser Suppe.

1 Die Kerne aus dem Kürbis entfernen. Das Fruchtfleisch mit einem Löffel aus der Schale herauskratzen und zusammen mit etwa 150 ml Wasser im Mixer oder mit dem Pürierstab fein pürieren.

2 Die Schalotten schälen, sie fein würfeln und in der Butter glasig dünsten. Den Zucker dazugeben und alles gut verrühren. Danach das Kürbispüree dazugeben. Das Ganze mit der Hälfte der Milch aufgießen und etwa 8 Minuten köcheln lassen.

3 Die restliche Milch mit den Eigelben verquirlen und in die heiße, nicht mehr kochende Suppe geben. Den Topf vom Herd nehmen und weiterrühren, bis die Suppe sämig wird. Die Kürbissuppe mit Nelkenpulver, Muskat, Cayennepfeffer und Salz abschmecken und zugedeckt warm halten.

4 Den Tofu in kleine Würfel schneiden und im heißen Nußöl etwa 2 Minuten braten. Die Tofuwürfel in 4 tiefe Teller geben und die heiße Kürbissuppe darübergießen.

BEILAGENTIP

Hierzu paßt ein Früchte- oder Sesambrot.

REZEPTVARIATIONEN

◆ Sie können statt des Tofus auch einen milden Schafskäse (Feta) verwenden. Dieser sollte zuerst in Paniermehl gewälzt und dann gebraten werden.

◆ Die Schalotten lassen sich durch 1 kleine Zwiebel ersetzen, falls Sie sie nicht bekommen.

PRAKTISCHE TIPS

◆ Sie können die Suppe auch in einen ausgehöhlten Kürbis füllen und darin servieren.

◆ Wenn Sie keinen frischen Kürbis erhalten, können Sie auch eingelegten Kürbis (etwa 500 g Abtropfgewicht) verwenden. Diesen abschütten und mit einem kleinen Teil der Flüssigkeit pürieren. Das Püree wie im Rezept angegeben weiterverwenden.

TOMATENSCHAUMSUPPE MIT BASILIKUM

Infoblock

◆ **Arbeitszeit: ca. 30 Minuten**
◆ **Garzeit: ca. 5 Minuten**
◆ **4 Portionen**
◆ **ca. 750 kcal je Portion**

Zutaten

1 kg sehr reife Fleischtomaten
500 g Sahne
Salz, weißer Pfeffer
1 Prise Zucker
1 Spritzer Tabasco
80 g Crème fraîche
2 EL kalte Butter
8 Basilikumblätter
100 g Mozzarella
½ dünnes Baguette
(ca. 125 g)

1 Die Tomaten waschen und die Stielansätze herausschneiden. Die Tomaten in feine Stücke schneiden und im Mixer oder mit einem Pürierstab fein pürieren. Das Püree durch ein Sieb streichen (siehe „Praktischer Tip" S. 26) und den Saft auffangen. Den Grill vorheizen oder den Backofen auf eine Temperatur von 200°C einstellen.

2 Etwa drei Viertel der Sahne aufkochen lassen und mit dem Tomatensaft verrühren. Die Suppe mit Salz, Pfeffer, Zucker und Tabasco würzen und etwa 1 Minute kochen lassen.

3 Die Crème fraîche mit der restlichen Sahne schaumig rühren. Die Mischung zusammen mit der Butter in die Suppe geben und alles mit einem Schneebesen oder einem Pürierstab schnell verquirlen. Die Basilikumblätter fein schneiden, in die Suppe geben.

4 Den Mozzarella und das Baguette in dünne Scheiben schneiden. Den Käse auf die Brotscheiben legen. Das Brot etwa 2 Minuten im Backofen oder unter dem Grill überbacken. Die Tomatensuppe in 4 tiefe Teller geben und die Mozzarellacroûtons separat dazu servieren.

GRÜNE SPARGELCREMESUPPE

1 Den Spargel waschen, schälen (siehe „Praktischer Tip" S. 66) und die harten Endstücke abschneiden. Die Spargelspitzen in einer Länge von etwa 4 cm abschneiden und beiseite legen. Den restlichen Spargel in feine Scheiben schneiden.

2 Die Spargelscheiben in 2 Eßlöffeln Butter glasig dünsten, dann etwas salzen und zuckern. Das Gemüse mit dem Mehl bestäuben und dieses anschwitzen lassen.

3 Milch, Sahne und das Wasser angießen und alles etwa 8 Minuten köcheln lassen.

4 Die Suppe im Mixer oder mit dem Pürierstab pürieren, durch ein feines Sieb passieren (siehe „Praktischer Tip" S. 26), wieder in den Topf geben und aufkochen lassen. 2 Eßlöffel Butter mit einem Schneebesen darunterrühren. Die Suppe nochmals mit Salz, Zucker und Cayennepfeffer abschmecken und zugedeckt warm halten.

5 Die Spargelspitzen in den restlichen 2 Eßlöffeln Butter in etwa 3 Minuten glasig dünsten, dann etwas salzen und zuckern. Den Spargel auf Suppenteller verteilen und die heiße Suppe darübergießen.

Infoblock

◆ **Arbeitszeit: ca. 45 Minuten**
◆ **Garzeit: ca. 20 Minuten**
◆ **4 Portionen**
◆ **ca. 450 kcal je Portion**

Zutaten

1,5 kg grüner Spargel
6 EL Butter
1 TL Salz
1 TL Zucker
2 EL Mehl
½ l Milch
250 g Sahne
¼ l Wasser
1 Prise Cayennepfeffer

SPINATSUPPE MIT GERÖSTETEN NÜSSEN

Infoblock

◆ **Arbeitszeit: ca. 35 Minuten**
◆ **Garzeit: ca. 20 Minuten**
◆ **4 Portionen**
◆ **ca. 650 kcal je Portion**

Zutaten

200 g Petersilienwurzeln
200 g Kartoffeln
½ l Gemüsebrühe (S. 7 oder
aus Instantpulver zubereitet)
250 g Sahne
¼ l Milch
500 g Blattspinat
¼ TL Salz
weißer Pfeffer aus der Mühle
1 Prise geriebene Muskatnuß
2 EL geschlagene Sahne (S. 8)
80 g Butter
2 EL Pistazienkerne
3 EL geschälte Sonnenblumen-
kerne
2 EL geschälte Kürbiskerne
2 EL gehackte Walnußkerne
1 TL Walnußöl

GETRÄNKETIPS

Zur Spinatsuppe paßt ein
Weißwein, z. B. ein leichter,
trockener Riesling, oder ein
Bier.

1 Die Petersilienwurzeln und die Kartoffeln waschen, schälen und in feine Scheiben schneiden.

2 Das Gemüse in der Gemüsebrühe oder im Wasser zusammen mit Sahne und Milch etwa 10 Minuten zugedeckt köcheln lassen.

3 Den Blattspinat putzen und die Stiele entfernen. Die Blätter sehr gut waschen. Den Spinat in kochendem Wasser etwa 1½ Minuten blanchieren, dann mit kaltem Wasser abschrecken. Den Spinat gut ausdrücken und in Streifen schneiden.

4 Die Spinatstreifen zur Gemüsebrühe geben und alles im Mixer oder mit dem Pürierstab pürieren. Die Suppe aufkochen lassen und mit Salz, Pfeffer und Muskat abschmekken. Die geschlagene Sahne und die Butter mit einem Schneebesen oder Pürierstab darunterrühren. Die Suppe zugedeckt warm halten.

5 Die Kerne und Nüsse zusammen im Walnußöl bei kleiner Hitze anbraten. Sie dann in einem Sieb oder auf Küchenpapier abtropfen lassen. Die Suppe in 4 tiefe Teller verteilen und die Nußmischung daraufgeben.

BEILAGENTIP

Reichen Sie dazu Fladenbrot, Nußbrot oder Baguette.

REZEPTVARIATIONEN

◆ Anstelle von Spinat können Sie auch Kopfsalat verwenden. Sie sollten die Suppe dann etwas stärker würzen, da Kopfsalat weniger Eigengeschmack als Spinat hat.
◆ Falls Sie keine Petersilienwurzeln bekommen, können Sie sie durch Knollensellerie oder Pastinaken ersetzen.

PRAKTISCHE TIPS

◆ Bitte kochen Sie den Spinat nicht zu lange, weil er sonst sein Aroma und seine Vitamine verliert.
◆ Die Suppe sollte am gleichen Tag verzehrt werden. Zum Einfrieren ist sie nicht geeignet.
◆ Wenn Ihnen die Suppe zu dünn ist, sollten Sie sie etwas binden. Verkneten Sie zu diesem Zweck 1 Eßlöffel Butter mit 1 Eßlöffel Mehl, und geben Sie die Masse in die kochende Suppe. Lassen Sie diese danach noch einige Minuten kochen, und rühren sie mit dem Schneebesen gut durch.

GELBE PAPRIKASUPPE MIT MOZZARELLA

Infoblock

- ◆ Arbeitszeit: ca. 30 Minuten
- ◆ Garzeit: ca. 20 Minuten
- ◆ 4 Portionen
- ◆ ca. 410 kcal je Portion

Zutaten

600 g gelbe Paprikaschoten
100 g Schalotten
2 EL Butter
1 TL Zucker
Saft von 1 Zitrone
½ l Karottensaft
¼ l Mineralwasser
200 g Crème fraîche
1 Rosmarinzweig
0,2 g Safranpulver
(2 kl. Döschen)
¼ TL Salz
weißer Pfeffer aus der Mühle
150 g Mozzarella
12 Blätter Basilikum
1 TL Olivenöl

1 Die Paprikaschoten waschen, längs halbieren, die Stiele und die Kerne entfernen und das Fruchtfleisch in feine Streifen schneiden.

2 Die Schalotten schälen, sehr fein würfeln und in der Butter glasig dünsten. Den Zucker hinzufügen und leicht karamelisieren (den Zucker ganz vorsichtig unter ständigem Rühren leicht bräunen lassen).

3 Die karamelisierten Schalotten mit dem Zitronensaft unter Rühren ablöschen. Die Paprikastreifen dazugeben und glasig dünsten.

4 Karottensaft, Mineralwasser und Crème fraîche zu den Paprikastücken geben und das Ganze zugedeckt etwa 8 Minuten leicht köcheln lassen. Den Rosmarin dazugeben, alles weiterköcheln lassen und den Zweig nach ungefähr 2 Minuten wieder herausnehmen. Das Safranpulver in die Suppe geben und diese noch einmal kurz aufkochen lassen.

5 Den Grill vorheizen. Die Suppe im Mixer oder mit dem Pürierstab pürieren und durch ein Sieb passieren (siehe „Praktischer Tip" S. 26). Sie mit Salz und Pfeffer abschmecken und zugedeckt warm halten.

6 Den Mozzarella in 12 dünne Scheiben schneiden und jeweils 1 Blatt Basilikum auf 1 Käsescheibe legen. Einige Spritzer Olivenöl darüberträufeln und den Käse auf einem feuerfesten Teller etwa 2 Minuten unter dem Grill schmelzen lassen.

7 Die Suppe in heiße Teller geben. Die Mozzarellascheiben mit Hilfe einer Kuchenpalette oder eines Pfannenwenders auf der Suppe verteilen. Sofort servieren.

BEILAGENTIP

Reichen Sie dazu Knoblauchcroûtons. Um diese herzustellen, schneiden Sie ½ Baguette (125 g) in dünne Scheiben. Toasten Sie diese und reiben Sie die Brotscheiben danach mit einer geschälten und halbierten Knoblauchzehe ein.

REZEPTVARIATIONEN

◆ Gut schmeckt die Suppe auch mit roten Paprikaschoten.

◆ Wenn Sie gerne Knoblauch essen, können Sie 2 Zehen schälen, kleinschneiden, in einer Pfanne in 1 Eßlöffel Öl rösten und zum Schluß auf die Suppe streuen.

GETRÄNKETIP

Ein Weißwein, z. B. ein frischer trockener Riesling oder Weißburgunder, paßt sehr gut zu dieser Suppe.

SOMMERSUPPE MIT SCHAFSKÄSE

Infoblock

◆ **Arbeitszeit: ca. 45 Minuten**
◆ **Garzeit: ca. 15 Minuten**
◆ **4 Portionen**
◆ **ca. 420 kcal je Portion**

Zutaten

200 g Zwiebeln
3 Knoblauchzehen
1 rote Paprikaschote
1 grüne Paprikaschote
1 kleine Salatgurke
200 g Zucchini
1 kg Fleischtomaten
¼ l Tomatensaft
¼ l Gemüsebrühe (S. 7 oder aus Instantpulver zubereitet)
4 EL Olivenöl
1 TL Salz
weißer Pfeffer aus der Mühle
1 Prise Cayennepfeffer
1 Bund Petersilie
12 Blätter Basilikum
1 Zweig Oregano
1 Bund Schnittlauch
½ Baguette (125 g)
100 g Schafskäse (Feta)

GETRÄNKETIP

Dazu paßt ein trockener Rosé aus Spanien oder Italien.

1 Die Zwiebeln und den Knoblauch schälen und fein würfeln. Die Paprikaschoten halbieren, die Stiele und die Kerne entfernen, die Schoten waschen und würfeln. Die Gurke und die Zucchini putzen, schälen und ebenfalls würfeln.

2 Die Fleischtomaten waschen und die Stielansätze herausschneiden. Das Fruchtfleisch grob zerkleinern und im Mixer oder mit dem Pürierstab zusammen mit dem Tomatensaft und der Gemüsebrühe pürieren. Alles durch ein Sieb streichen (siehe „Praktischer Tip" S. 26).

3 3 Eßlöffel Olivenöl erhitzen und die Zwiebel- sowie Knoblauchwürfel darin glasig dünsten. Das übrige Gemüse dazugeben und alles zugedeckt etwa 4 Minuten dünsten.

4 Den selbst hergestellten Tomatensaft zum Gemüse geben, alles aufkochen und etwa 2 Minuten kochen lassen. Die Suppe mit Salz, Pfeffer und Cayennepfeffer würzen. Den Grill vorheizen.

5 Petersilie, Basilikum, Oregano und Schnittlauch waschen, trockentupfen und fein schneiden. Die Kräuter in die Suppe geben und diese zugedeckt warm halten.

6 Das Baguette in etwa 1½ cm dicke Scheiben schneiden und unter dem Grill goldgelb rösten. Den Schafskäse mit 1 Eßlöffel Olivenöl zerdrücken und auf die Brotscheiben geben.

7 Die Käsecroûtons unter dem Grill überbacken. Die Suppe in 4 tiefe Teller geben und die Käsecroûtons separat dazu servieren.

BEILAGENTIP

Dazu passen mit Knoblauch abgeriebene und geröstete Fladenbrot- oder Baguettescheiben (siehe „Praktischer Tip" S. 18).

REZEPTVARIATIONEN

◆ Sie können sehr gut einige Löffel Joghurt unter die Suppe rühren, dann wird sie etwas cremiger. Sie dürfen sie danach allerdings nicht mehr aufkochen, da sie sonst gerinnt.
◆ Statt des Schafskäses können Sie für die Käsecroûtons auch Pecorino, einen italienischen Hartkäse aus Schafmilch, verwenden.

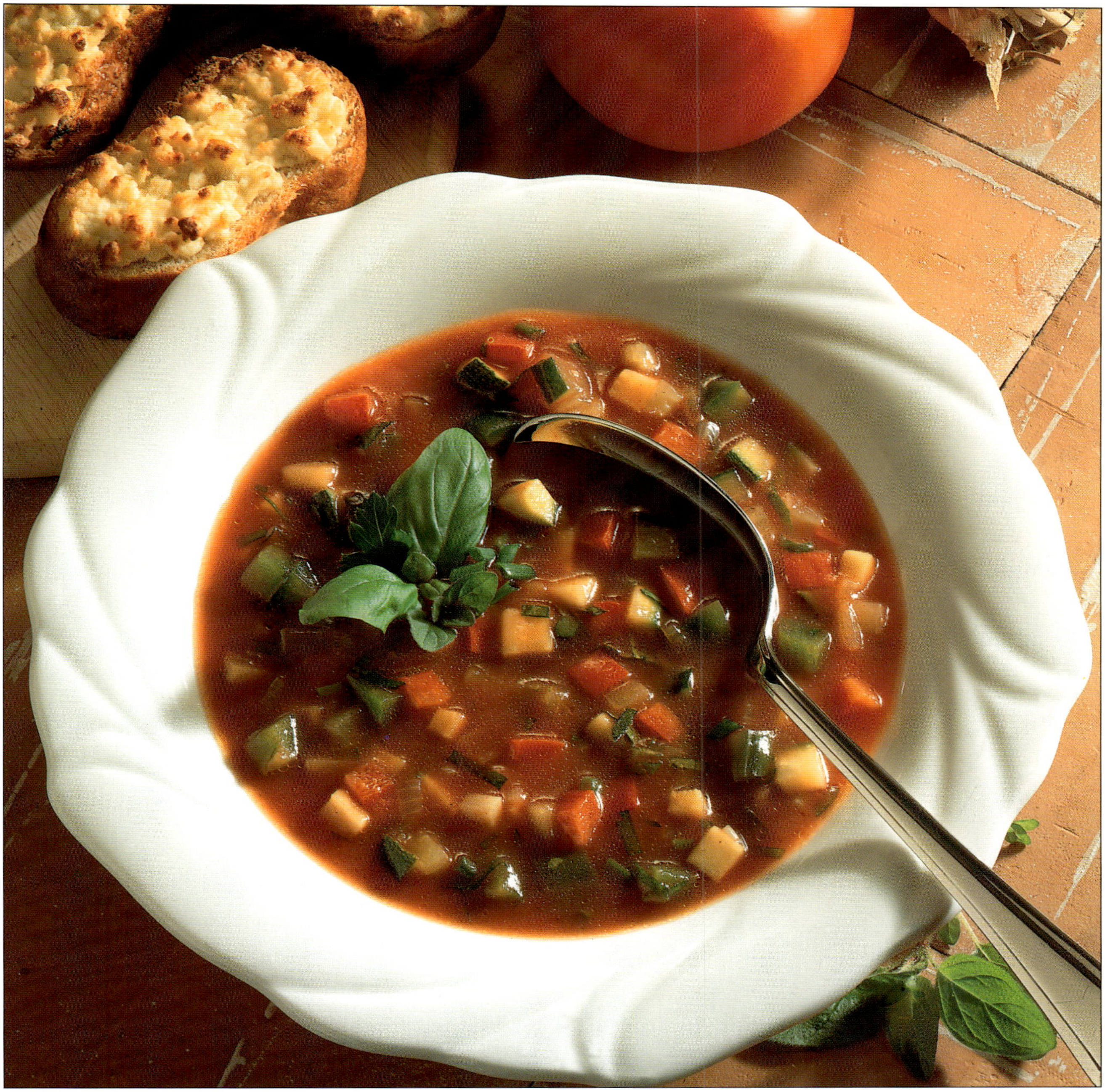

PRAKTISCHER TIP

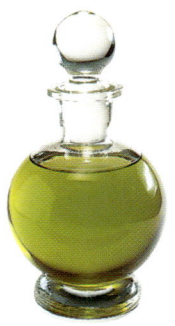

Sollte etwas Suppe übrig bleiben, dann können Sie daraus eine Cremesuppe herstellen. Pürieren Sie alles und geben Sie pro Suppenportion 1 bis 2 Eßlöffel Crème fraîche oder saure Sahne dazu.

STEINPILZSUPPE MIT BLÄTTERTEIGHAUBE

1 Die Steinpilze putzen, kurz unter fließendem Wasser waschen, abtropfen lassen und in feine Scheiben schneiden. Ein Viertel der Pilzscheiben beiseite legen.

2 Die Schalotten schälen, fein würfeln und in der Butter glasig dünsten. Die Steinpilzscheiben hinzufügen und ebenfalls andünsten.

3 Die Milch und die Sahne zu den Pilzen geben, und alles etwa 5 Minuten köcheln lassen. Die Suppe im Mixer oder mit dem Pürierstab pürieren, dann mit dem Salz und dem weißen Pfeffer abschmecken.

4 Die beiseite gelegten Steinpilzscheiben in 4 feuerfeste Suppentassen füllen, die Suppe darübergießen und etwas abkühlen lassen. Den Ofen auf 200°C vorheizen.

5 Die Blätterteigscheiben mit Mehl bestäuben und etwas größer als der obere Rand der Suppentassen ausrollen. Aus dem Blätterteig mit Hilfe einer Schablone (z.B. Untertasse) Kreise ausschneiden, deren Durchmesser 1 cm größer ist als der obere Rand der Suppentassen. Das Eigelb verquirlen und auf die Ränder der Teigscheiben streichen.

6 Die Scheiben auf die Suppentassen legen und die Ränder fest andrücken. Die Blätterteighauben etwa 8 Minuten im Ofen backen.

BEILAGENTIP

Reichen Sie dazu Baguette.

REZEPTVARIATION

Statt der Steinpilze können Sie auch andere Pilzarten verwenden, z.B. Champignons, Maronen oder Birkenpilze.

PRAKTISCHE TIPS

◆ Die Suppe muß vor dem Überbacken unbedingt etwas abkühlen, weil sonst der Blätterteig nicht aufgehen kann.
◆ Sie sollten die Tassen auch nicht zu voll füllen, damit der Blätterteig nicht auf der Suppe liegt. Dadurch wird er feucht und geht schlechter auf.

GETRÄNKETIP

Servieren Sie dazu einen Weißwein, z.B. einen kräftigen trockenen Riesling oder einen Grauburgunder.

GRÜNE ERBSENCREMESUPPE

Infoblock

◆ **Arbeitszeit: ca. 20 Minuten**
◆ **Garzeit: ca. 15 Minuten**
◆ **4 Portionen**
◆ **ca. 600 kcal je Portion**

Zutaten

500 g gefrorene oder
frische, gepalte Erbsen
5 EL Butter
1 TL Zucker
¼ l Milch
500 g Sahne
¼ l Gemüsebrühe (S. 7 oder
aus Instantpulver zubereitet)
½ TL Salz
Cayennepfeffer
1 mittelgroße Möhre
1 Zweig Kerbel

1 Die Erbsen einmal kurz mit heißem Wasser überbrühen und gut abtropfen lassen. Sie dann in 3 Eßlöffeln Butter und etwas Zucker etwa 3 Minuten dünsten. Die Milch, die Hälfte der Sahne und die Gemüsebrühe angießen. Alles etwa 5 Minuten zugedeckt köcheln lassen. Die restliche Sahne steif schlagen.

2 Die Suppe im Mixer oder mit dem Pürierstab nach und nach pürieren und durch ein feines Sieb streichen (siehe „Praktischer Tip" S. 26).

3 Danach die Suppe einmal kurz aufkochen lassen. Die geschlagene Sahne und 1 Eßlöffel Butter darunterheben. Die Suppe mit Salz und Cayennepfeffer abschmecken und zugedeckt warm halten.

4 Die Möhre schälen, waschen und fein würfeln. Sie in 1 Eßlöffel Butter zusammen mit 1 Teelöffel Zucker etwa 2 Minuten unter ständigem Rühren gar dünsten.

5 Den Kerbel waschen und trockentupfen. Die Blättchen abzupfen. Die Möhrenwürfel auf 4 tiefe Teller verteilen, die heiße Suppe darübergießen und alles mit den Kerbelblättchen garnieren.

FENCHELCREME MIT SAFRAN

1 Den Fenchel waschen, putzen, das Grün abzupfen und als Garnitur beiseite legen. Die Knollen in feine Würfel schneiden. Die Kartoffeln waschen, schälen und fein würfeln. Die Schalotten ebenfalls schälen und fein würfeln.

2 Die Schalotten- und die Fenchelwürfel zusammen in der Butter glasig dünsten. Die Kartoffelwürfel dazugeben. Zu dem Ganzen den Wein, die Gemüsebrühe bzw. das Wasser, die Sahne und die Crème fraîche geben. Den Safran hinzufügen und alles zugedeckt etwa 12 Minuten leicht köcheln lassen.

3 Die Suppe im Mixer oder mit dem Pürierstab pürieren und mit Salz, weißem Pfeffer und Pernod oder Pastis abschmecken.

4 Zum Schluß die geschlagene Sahne unter die Suppe rühren, diese in 4 tiefe Teller geben und mit dem Fenchelgrün garnieren.

REZEPTVARIATION

Statt des Weißweins können Sie auch die gleiche Menge Gemüsebrühe (S. 7) oder Geflügelfond (S. 7) nehmen. Dadurch wird die Suppe geschmacklich etwas milder.

Infoblock

◆ **Arbeitszeit: ca. 30 Minuten**
◆ **Garzeit: ca. 15 Minuten**
◆ **4 Portionen**
◆ **ca. 580 kcal je Portion**

Zutaten

500 g Fenchel
150 g Kartoffeln
100 g Schalotten
3 EL Butter
½ l trockener Weißwein
¼ l Gemüsebrühe (S. 7 oder aus Instantpulver zubereitet) oder Wasser
250 g Sahne
125 g Crème fraîche
0,2 g Safranpulver (2 kleine Döschen)
¼ TL Salz
weißer Pfeffer aus der Mühle
1 Spritzer Pernod oder Pastis (Anisschnaps)
2 EL geschlagene Sahne (S. 8)

GETRÄNKETIP

Dazu paßt ein Weißwein, z.B. ein leichter Riesling oder Grauburgunder.

KALTE TOMATENCREMESUPPE

Infoblock

- ◆ Arbeitszeit: ca. 30 Minuten
- ◆ Garzeit: ca. 15 Minuten
- ◆ 4 Portionen
- ◆ ca. 240 kcal je Portion

Zutaten

200 g Zwiebeln

3 Knoblauchzehen

3 EL Olivenöl

1 kg reife Fleischtomaten oder Eiertomaten

¼ TL Salz

weißer Pfeffer aus der Mühle

1 Prise Zucker

½ l Tomatensaft

¼ l Gemüsebrühe (S. 7 oder aus Instantpulver zubereitet)

200 g saure Sahne

1 Prise geriebene Muskatnuß

1 Bund Schnittlauch

GETRÄNKETIP

Zur kalten Tomatensuppe paßt ein trockener Rosé, ein Weißherbst oder ein gekühlter leichter Rotwein.

1 Die Zwiebeln und den Knoblauch schälen und fein hacken. Beides im erhitzten Olivenöl bei schwacher Hitze glasig dünsten.

2 Die Stielansätze der Tomaten herausschneiden, das Fruchtfleisch in kleine Stücke schneiden und zu den Zwiebeln und dem Knoblauch geben.

3 Das Gemüse salzen, pfeffern und zuckern. Den Tomatensaft und die Gemüsebrühe dazugeben und alles etwa 10 Minuten zugedeckt kochen lassen. Die Suppe vom Herd nehmen und erkalten lassen.

4 Die Tomaten-Brühe-Mischung im Mixer oder mit dem Pürierstab fein pürieren und durch ein Sieb streichen (siehe „Praktischer Tip"). Die saure Sahne darunterrühren und die Suppe mit Muskat sowie gegebenenfalls weißem Pfeffer abschmecken.

5 Den Schnittlauch waschen und in feine Röllchen schneiden. Die Suppe in tiefe Teller geben und mit dem Schnittlauch bestreuen.

BEILAGENTIPS

- ◆ Dazu passen sehr gut Knoblauch- oder Olivenölcroûtons. Diese stellen Sie her, indem Sie Baguettescheiben im Ofen rösten und danach mit 1 halbierten Knoblauchzehe abreiben oder mit etwas Olivenöl beträufeln.
- ◆ Auch ein kräftig gebackenes Weißbrot können Sie zur Suppe servieren.

PRAKTISCHE TIPS

- ◆ Statt saurer Sahne können Sie auch Crème fraîche verwenden.
- ◆ Die Suppe läßt sich zum Schluß mit etwas Tomatensaft verdünnen, wenn sie zu dickflüssig sein sollte.
- ◆ Servieren Sie diese Suppe an heißen Sommertagen.
- ◆ Wenn Sie die Tomatenstücke mit der Brühe durch ein Sieb streichen, erleichtern Sie sich die Arbeit, wenn Sie einen Eßlöffel oder einen Teigschaber zur Hilfe nehmen. Damit können Sie das Tomatenmus schneller durch das Sieb drücken und verlieren weniger Fruchtfleisch, das im Sieb zurückbleibt.

REZEPTVARIATIONEN

◆ Zum Garnieren können Sie statt des Schnittlauchs auch etwa 200 g fein gewürfelte Paprikaschoten (rot, grün, gelb) auf die Suppe streuen.

◆ Wenn Sie es gerne schärfer mögen, können Sie noch 1 fein geschnittene Chilischote in die Suppe geben.

◆ Zur Verfeinerung eignet sich auch 1 Schuß Wodka, der kurz vor dem Servieren in die Suppe gegeben wird.

WALDPILZEINTOPF MIT HASENRÜCKENFILETS

Infoblock

- ◆ **Arbeitszeit: ca. 35 Minuten**
- ◆ **Garzeit: ca. 60 Minuten**
- ◆ **4 Portionen**
- ◆ **ca. 620 kcal je Portion**

Zutaten

4 Hasenrückenfilets

1 l Wildfond (S. 7 oder aus dem Glas)

¼ l trockener Rotwein

100 g magerer Speck in dünnen Scheiben

200 g Steinpilze

200 g Pfifferlinge

200 g Butterpilze

250 g Hörnchennudeln

1 Prise Salz

schwarzer Pfeffer aus der Mühle

½ Bund glatte Petersilie

GETRÄNKETIPS

Wählen Sie zum Eintopf einen kräftigen Rosé, einen leichten, trockenen Rotwein, wie den Côtes de Provence rosé, oder einen Spätburgunder Rotwein aus Württemberg oder Baden.

1 Die Hasenrückenfilets unter fließend kaltem Wasser waschen und trockentupfen. Den Wildfond zusammen mit dem Rotwein erhitzen. Die Hasenrückenfilets mit den Speckscheiben einwickeln und diese mit Küchengarn festbinden. Das Fleisch etwa 15 Minuten im heißen Wildfond bei milder Hitze zugedeckt ziehen lassen. Das Fleisch herausnehmen und im Ofen oder auf einer Warmhalteplatte warmstellen.

2 Die Pilze putzen, kurz unter fließendem Wasser waschen, in einem Sieb abtropfen lassen und mit Küchenpapier trockentupfen. Die Pilze je nach Größe in mundgerechte Stücke schneiden. Die Nudeln in 2 l Salzwasser bißfest kochen, danach abschütten und warm halten.

3 Den Wildfond wieder zum Kochen bringen. Die Pilze hinzugeben und im geschlossenen Topf etwa 10 Minuten leicht kochen lassen, dann mit Salz und Pfeffer abschmecken.

4 Die Petersilie waschen, trockentupfen, die Blätter zupfen und mit den Nudeln in den Eintopf geben und alles zugedeckt warm halten.

5 Den Speck und das Garn von den Hasenrückenfilets entfernen. Diese in mundgerechte Scheiben schneiden. Den Eintopf in 4 tiefe Teller verteilen. Die Filetscheiben auf die Suppe geben.

BEILAGENTIP

Zum Eintopf paßt ein herzhaftes Roggenbrot.

REZEPTVARIATIONEN

◆ Wenn Sie die angegebenen Waldpilze nicht bekommen, tauschen Sie sie durch andere Sorten (z.B. Maronen, Birkenpilze oder andere Waldpilze) aus.

◆ Statt der Hasenrückenfilets können Sie auch Reh- oder Hirschfilets nehmen. Die Garzeiten verändern sich kaum.

PRAKTISCHER TIP

Bitte halten Sie sich an die Garzeit des Fleischs, denn bei zu langer Kochzeit verliert es viel von seinem delikaten Aroma.

ENTEN-CURRY-SUPPE MIT MANGO

Infoblock

◆ **Arbeitszeit: ca. 40 Minuten**
◆ **Garzeit: ca. 50 Minuten**
◆ **4 Portionen**
◆ **ca. 450 kcal je Portion**

Zutaten

2 junge Entenschenkel
oder 4 Entenkeulen
1½ l Wasser
¼ TL Salz
100 g Knollensellerie
1 mittelgroße Möhre
100 g Zwiebeln
2 Lorbeerblätter
8 schwarze Pfefferkörner
2 Knoblauchzehen
40 g Ingwer
1 nicht zu reife Mango
2 Frühlingszwiebeln
2 EL Zitronenöl oder
Pflanzenöl
1 TL Currypulver
1 Spritzer Sojasauce
8 Blätter Basilikum
1 Zweig Koriander

1 Das Entenfleisch waschen, mit einem Küchentuch abtrocknen, im gesalzenen Wasser zum Kochen bringen. Nach etwa 3 Minuten den Schaum abschöpfen.

2 Den Sellerie und die Möhre waschen, schälen und klein- schneiden. Die Zwiebeln ebenfalls schälen und würfeln. Alles zusammen mit den Lorbeerblättern und den Pfefferkörnern zur Suppe geben und diese etwa 40 Minuten zugedeckt köcheln lassen.

3 Die Ententeile aus der Suppe nehmen, etwas abkühlen lassen und danach die Haut entfernen. Das Fleisch von den Knochen lösen, in Streifen schneiden und zur Seite legen. Den Fond durch ein Sieb gießen und auffangen.

4 Knoblauch und den Ingwer schälen und kleinwürfeln. Die Mango schälen, das Fruchtfleisch vom Stein abschneiden und kleinwür- feln. Die Frühlingszwiebeln putzen, waschen und in etwa 1 cm große Stücke schneiden.

5 Die Gemüse- und die Mango- stücke im Öl andünsten und mit dem Currypulver bestäuben. Alles umrühren und den Entenfond angießen. Die Suppe etwa 5 Minuten

zugedeckt köcheln lassen, dann das Entenfleisch hineingeben und heiß werden lassen. Die Suppe mit dem Salz und der Sojasauce abschmecken.

6 Das Basilikum und den Koriander waschen. Die Blättchen in feine Streifen schneiden. Die Suppe in 4 tiefe Teller geben und mit den Kräutern bestreuen.

REZEPTVARIATIONEN

◆ Statt der Entenschenkel oder -keulen lassen sich auch Entenbrüste oder Poulardenkeulen für dieses Rezept verwenden.
◆ Wenn Sie keinen Koriander bekom- men, können Sie auch Minzeblätter nehmen.

PRAKTISCHE TIPS

◆ Achten Sie darauf, daß die Mango fest ist, weil sie dann noch ihre Säure besitzt und somit der Suppe einen spritzigen Geschmack geben kann.
◆ Wenn Sie kein Zitronenöl (aus asia- tischen Feinkostläden) bekommen, können Sie statt dessen Pflanzenöl und die abgeriebene Schale von ½ unbe- handelten Zitrone verwenden.

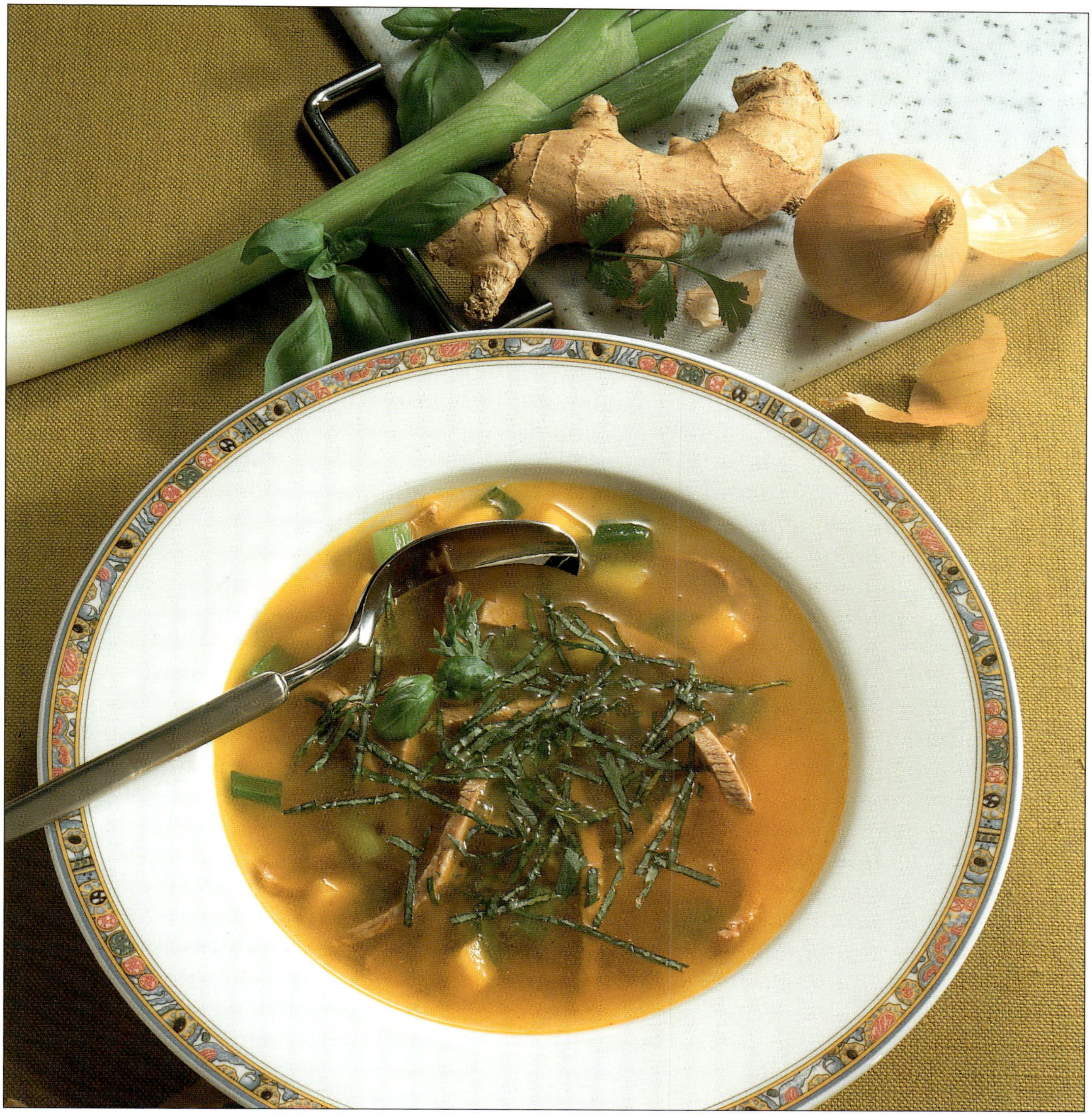

BEILAGENTIP

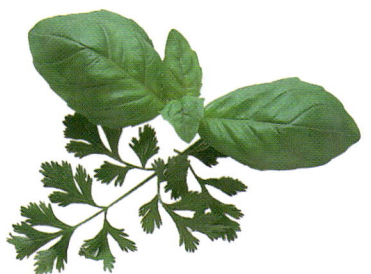

Reichen Sie separat zur Suppe thailändischen Klebreis oder Risottoreis. Er wird in kleinen Portionen in die Suppe gegeben, aber nicht untergerührt.

GRÜNER BOHNENEINTOPF MIT HUHN

Infoblock

- ◆ **Arbeitszeit: ca. 60 Minuten**
- ◆ **Garzeit: ca. 60 Minuten**
- ◆ **4 Portionen**
- ◆ **ca. 770 kcal je Portion**

Zutaten

1 kleines Suppenhuhn

1½ l Wasser

150 g Kartoffeln

1 TL Salz

600 g frische, dicke Bohnen

1 Maiskolben

2 Frühlingszwiebeln

1 grüne Paprikaschote

weißer Pfeffer aus der Mühle

1 Prise Pimentpfeffer (siehe „Praktische Tips")

1 Prise Cayennepfeffer

1 Bund Petersilie

1 Zweig Bohnenkraut

1 Zweig Estragon

1 Das Huhn waschen, mit einem Küchentuch abtrocknen und in grobe Stücke zerteilen. Das Fleisch in dem Wasser zum Kochen bringen. Nach etwa 2 Minuten den Schaum abschöpfen und das Hühnerfleisch dann etwa 40 Minuten zugedeckt köcheln lassen. Die Hühnchenteile herausnehmen, etwas abkühlen lassen, das Fleisch von den Knochen lösen und in große Würfel schneiden. Die Hühnerbrühe durch ein Sieb gießen und auffangen.

2 Die Kartoffeln waschen, schälen, kleinwürfeln und in die Brühe geben. Diese etwas salzen und alles etwa 10 Minuten zugedeckt kochen lassen.

3 Die Bohnen aus den Schalen drücken, in kaltem Wasser für etwa 10 Minuten einweichen und danach in einem Sieb abtropfen lassen.

4 Den Maiskolben waschen. Die Körner mit einem Messer von dem Kolben abstreifen. Die Frühlingszwiebeln putzen, waschen und in etwa 1 cm große Stücke schneiden. Die Paprikaschote waschen und vierteln. Die weißen Rippen, die Stielansätze und die Kerne entfernen und das Fruchtfleisch in etwa 1 cm große Stücke schneiden.

5 Das Gemüse zusammen mit den Bohnen in die Brühe geben und alles noch etwa 8 Minuten zugedeckt köcheln lassen. Das Hühnerfleisch dazugeben und die Suppe kurz aufkochen lassen. Das Ganze mit Salz, weißem Pfeffer, Pimentpfeffer und Cayennepfeffer abschmecken und zugedeckt warm halten.

6 Petersilie, Bohnenkraut und Estragon waschen und trockentupfen. Die Blättchen abzupfen und fein hacken. Die Suppe in 4 tiefe Teller geben und mit den Kräutern bestreuen.

BEILAGENTIP

Reichen Sie dazu Baguette oder mit Olivenpaste (aus dem italienischen Spezialitätengeschäft) bestrichene und geröstete Weißbrotscheiben.
Die Olivenpaste können Sie selbst herstellen, indem Sie 100 g schwarze oder grüne Oliven (ohne Stein) mit 4 Eßlöffel Olivenöl, 1 Sardelle und etwas Pfeffer im Mixer oder mit dem Pürierstab pürieren.

GETRÄNKETIP

Servieren Sie dazu einen trockenen Weißwein, z.B. einen kräftigen Chardonnay oder Grauburgunder aus Baden oder der Pfalz.

◆ Statt der frischen, dicken Bohnen können Sie auch gefrorene, dicke Bohnen verwenden. Dabei müssen die grünen Kerne aus der harten weißen Schale gedrückt werden. Geben Sie die Bohnen daher erst nach 4 Minuten der Garzeit des Gemüses in den Eintopf.

◆ Wenn Sie keinen gemahlenen Pimentpfeffer bekommen, können Sie auch einige Pimentkörner in einer Pfeffermühle fein mahlen.

OKRAEINTOPF MIT LAMM UND GEMÜSE

Infoblock

◆ **Arbeitszeit: ca. 45 Minuten**
◆ **Garzeit: ca. 70 Minuten**
◆ **4 Portionen**
◆ **ca. 430 kcal je Portion**

Zutaten

500 g Lammschulter
mit Knochen
1½ l Wasser
¼ TL rosa Pfefferkörner
2 Lorbeerblätter
1 Zweig Rosmarin
650 g Okraschoten
200 g Zwiebeln
2 Knoblauchzehen
1 große Möhre
200 g Fenchel
5 EL Erdnußöl oder Pflanzenöl
80 g Graupen
1 TL Salz
schwarzer Pfeffer aus der
Mühle
1 Prise geriebene Muskatnuß
1 Prise Nelkenpulver

1 Die Lammschulter waschen und zusammen mit dem Wasser aufsetzen. Die rosa Pfefferkörner, den Lorbeer und den Rosmarinzweig dazugeben; alles etwa 40 Minuten zugedeckt köcheln lassen.

2 Inzwischen die Okraschoten waschen, putzen, die Stielansätze abschneiden und die Schoten in etwa 1 cm dicke Scheiben schneiden. Die Zwiebeln und den Knoblauch schälen und recht fein würfeln. Die Möhre waschen, schälen und fein würfeln. Den Fenchel waschen, putzen und in etwa 1 cm große Stücke schneiden.

3 Die Okrascheiben im Erdnußöl knusprig anbraten. Sie dann mit einer Schaumkelle herausnehmen und in einem Sieb abtropfen lassen. In dem verbliebenen Öl nun das übrige Gemüse kurz anbraten. Es anschließend herausnehmen und ebenfalls abtropfen lassen.

4 Die Lammschulter aus dem Sud nehmen und etwas abkühlen lassen. Danach das Fleisch vom Knochen lösen und würfeln.

5 Das Gemüse in den Lammsud geben und darin etwa 4 Minuten zugedeckt köcheln lassen. Das Fleisch dazugeben, miterhitzen und zugedeckt warm halten.

6 Die Graupen waschen, zusammen mit kaltem Wasser aufsetzen und einmal aufkochen lassen. Sie dann in ein Sieb schütten und mit warmem Wasser abspülen. Die Graupen in reichlich Salzwasser etwa 8 Minuten kochen lassen. Sie danach in ein Sieb geben, mit kaltem Wasser abspülen und gut abtropfen lassen.

7 Den Eintopf mit Salz, schwarzem Pfeffer, Muskat und Nelkenpulver abschmecken. Kurz vor dem Servieren die Graupen hineingeben und kurz erhitzen. Den Eintopf in 4 tiefe Teller geben.

BEILAGENTIP

Fladenbrotscheiben, die mit Schafskäse überbacken sind, passen sehr gut zu diesem Eintopf. Sie stellen sie her, indem Sie ½ Fladenbrot in Scheiben schneiden, 150 g Schafskäse (Feta) zusammen mit 2 Eßlöffeln Olivenöl mit einer Gabel zerdrücken und auf die Brotscheiben streichen. Die Brote im Ofen bei 200° C oder unter dem Grill überbacken.

GETRÄNKETIPS

Ein kräftiger, trockener Weißwein, wie ein Burgunder oder ein Chardonnay, paßt sehr gut dazu. Sie können aber auch gut einen Rosé dazu trinken.

REZEPTVARIATIONEN

◆ Sie können statt der Lammschulter auch Kalbsschulter oder Kalbsbrust verwenden. Die Garzeit des Eintopfs ändert sich dadurch nicht.

◆ Wenn sie keinen Fenchel mögen, können Sie diesen durch Stauden-sellerie ersetzen.

PRAKTISCHE TIPS

◆ Die Okraschoten müssen bei die-sem Gericht gebraten werden, sonst sehen sie nicht appetitlich aus.

◆ Beim Kochen der Graupen ist es notwendig, sie jeweils mit frischem Wasser aufzusetzen, da sie sonst die Suppe eintrüben.

TRUTHAHNEINTOPF MIT ROTEN LINSEN

Infoblock

◆ **Arbeitszeit: ca. 40 Minuten**

◆ **Garzeit: ca. 70 Minuten**

◆ **4 Portionen**

◆ **ca. 660 kcal je Portion**

Zutaten

600 g Truthahn (Pute) ohne Knochen

1,2 l Geflügelfond (S. 7 oder aus dem Glas)

150 g Zwiebeln

2 Lorbeerblätter

1 Zweig Thymian

1 TL Salz

1 mittelgroße Möhre

1 Stange Staudensellerie

1 Stange Porree

2 EL Butter

2 EL Mehl

250 g Sahne

100 g rote Linsen

weißer Pfeffer aus der Mühle

1 Spritzer Tabasco

GETRÄNKETIP

Dazu paßt ein leichter Rosé aus dem Badischen oder ein trockener Weißherbst.

1 Das Putenfleisch in etwa 2 cm große Würfel schneiden und sie mit dem Geflügelfond zum Kochen bringen. Nach etwa 3 Minuten den Schaum abschöpfen.

2 Die Zwiebeln schälen, halbieren und zusammen mit den Lorbeerblättern, dem Thymian und etwas Salz zum Geflügelfond geben. Alles etwa 40 Minuten zugedeckt köcheln lassen. Die Putenfleischwürfel herausnehmen und beiseite legen. Den Fond durch ein Sieb passieren und auffangen.

3 Die Möhre und den Sellerie waschen und schälen. Den Porree putzen und waschen. Alles in feine Streifen schneiden. Vom Sellerie einige grüne Blätter für die Garnitur beiseite legen.

4 Das Gemüse kurz in der Butter dünsten, dann mit dem Mehl bestäuben und dieses etwa 1 Minute anschwitzen lassen. Alles mit dem aufgefangenen Fond und der Sahne unter Rühren ablöschen. Den Eintopf etwa 10 Minuten zugedeckt köcheln lassen.

5 Inzwischen die Linsen waschen, in 1 l kaltem Wasser zusammen mit etwas Salz zum Kochen bringen und etwa 12 Minuten köcheln lassen, so daß die Linsen noch bißfest sind. Sie in ein Sieb schütten, mit kaltem Wasser abspülen und abtropfen lassen. Die Linsen in den Eintopf geben.

6 Das Putenfleisch wieder in den Eintopf geben und diesen mit Salz, weißem Pfeffer und Tabasco abschmecken. Den Eintopf einmal aufkochen lassen und zugedeckt warm halten.

7 Die beiseite gelegten Sellerieblätter waschen und in feine Streifen schneiden. Den Eintopf in 4 tiefe Teller geben und mit den Selleriestreifen bestreuen.

PRAKTISCHE TIPS

◆ **Um den Eintopf zu binden, können Sie statt des Mehls auch 200 g Kartoffeln nehmen. Diese schälen, garkochen (oder gekochte Kartoffeln vom Vortag verwenden) und durch eine Püreepresse in den Eintopf drücken.**

BEILAGENTIP

Servieren Sie zum Eintopf kleine Partybrötchen oder Laugengebäck mit Salz- oder Kräuterbutter.

REZEPTVARIATION

Statt des Putenfleischs können Sie auch 1 Fasan oder 1 Perlhuhn verwenden.

OCHSENSCHWANZEINTOPF MIT GEMÜSE

Infoblock

◆ **Arbeitszeit: ca. 45 Minuten**
◆ **Garzeit: ca. 2 ½ Stunden**
◆ **4 Portionen**
◆ **ca. 840 kcal je Portion**

Zutaten

150 g Zwiebeln
2 Knoblauchzehen
3 Möhren
100 g Knollensellerie
1,2 kg Ochsenschwanzstücke
2 EL Erdnußöl oder Pflanzenöl
½ l trockener Rotwein
1¼ l Wasser
1 Zweig Rosmarin
1 Zweig Thymian
2 Lorbeerblätter
4 Pimentkörner
12 schwarze Pfefferkörner
8 Wacholderbeeren
350 g Kartoffeln
1 Kohlrabi (à ca. 150 g)
2 Frühlingszwiebeln
250 g Champignons
1 TL Salz
weißer Pfeffer aus der Mühle
1 EL Madeira
1 Prise geriebene Muskatnuß

GETRÄNKETIP

Dazu eignet sich ein junger, kräftiger Rotwein, z. B. ein Spätburgunder aus dem Badischen.

1 Die Zwiebeln und den Knoblauch schälen und kleinschneiden. 1 Möhre und den Sellerie waschen, schälen und ebenfalls kleinschneiden.

2 Die Ochsenschwanzstücke waschen und mit Küchenkrepp abtrocknen. Sie im Öl in einem großen Topf von allen Seiten gut anbraten. Das Gemüse zu den Ochsenschwanzstücken geben, kurz andünsten und dann den Rotwein und das Wasser dazugeben.

3 Den Rosmarin und den Thymian waschen und zusammen mit Lorbeerblättern, Piment- und Pfefferkörnern sowie Wacholderbeeren in den Sud geben. Diesen etwa 2 Stunden bei schwacher Hitze zugedeckt köcheln lassen.

4 Die Ochsenschwanzstücke herausnehmen, den Sud durch ein Sieb geben und auffangen. Das Fleisch von den Knochen lösen und wieder in den Sud geben.

5 Kartoffeln, Kohlrabi und restliche Möhren schälen. Die Kartoffeln und die Möhren in Scheiben, den Kohlrabi in Streifen schneiden. Die Frühlingszwiebeln putzen, waschen und in etwa 1 cm große Stücke schneiden. Die Champignons kurz waschen, putzen und vierteln.

6 Zuerst die Kartoffeln in den Sud geben, etwas salzen und etwa 6 Minuten köcheln lassen. Dann das restliche Gemüse hinzufügen und alles weitere 6 Minuten garen.

7 Den Eintopf mit Salz, Pfeffer, Madeira und Muskat abschmecken. Die Lorbeerblätter und die Gewürzkörner entfernen. Den Eintopf in 4 tiefe Teller geben.

BEILAGENTIP

Ein kräftiges Grau- oder Käsebrot paßt am besten dazu.

REZEPTVARIATIONEN

◆ **Wenn Sie gerne Fleisch essen, fügen Sie zusätzlich 1 Beinscheibe vom Rind hinzu.**
◆ **Die Champignons können Sie auch durch Pfifferlinge ersetzen.**

KARTOFFEL-RAUKE-SUPPE
MIT BÜNDNER FLEISCH

Infoblock

◆ **Arbeitszeit: ca. 40 Minuten**
◆ **Garzeit: ca. 20 Minuten**
◆ **4 Portionen**
◆ **ca. 710 kcal je Portion**

Zutaten

1 kg Kartoffeln
100 g Schalotten
80 g magerer Bauchspeck
1 EL Butter
1 EL Haselnußöl
oder Pflanzenöl
¼ l Milch
¾ l Geflügelfond (S. 7 oder
aus dem Glas)
250 g Sahne
300 g Rauke
2 Eigelb
½ TL Salz
weißer Pfeffer aus der Mühle
1 Prise Cayennepfeffer
100 g Bündner Fleisch
in Scheiben
Kerbelblätter zum Garnieren

1 Die Kartoffeln waschen, schälen und etwa 1 cm groß würfeln. Die Schalotten ebenfalls schälen und fein würfeln.

2 Den Speck würfeln, zusammen mit den Schalotten in der Butter und dem Öl leicht anbräunen. Die Kartoffelwürfel dazugeben, die Milch, den Geflügelfond und die Hälfte der Sahne angießen. Das Ganze etwa 12 Minuten zugedeckt köcheln lassen.

3 Die Rauke putzen und die Stiele entfernen. Die Blätter in feine Streifen schneiden, in die Suppe geben und diese etwa 4 Minuten zugedeckt köcheln lassen.

4 Die Eigelbe mit der restlichen Sahne verquirlen und in die nicht mehr kochende Suppe einrühren. Diese mit Salz, weißem Pfeffer und Cayennepfeffer abschmecken und zugedeckt warm halten, aber nicht mehr kochen lassen.

5 Das Bündner Fleisch zu Rosen drehen. Die Suppe in 4 Teller geben. Die Bündner-Fleisch-Rosen vorsichtig auf die Suppe setzen und alles mit den gewaschenen Kerbelblättern garnieren.

BEILAGENTIPS

◆ **Reichen Sie dazu Baguette.**
◆ **Ein Raukesalat, mit Haselnußöl zubereitet, paßt ebenfalls sehr gut dazu.**

REZEPTVARIATIONEN

◆ **Statt des Bündner Fleischs können Sie auch hauchdünn geschnittenen Parma- oder Seranoschinken auf die Suppe geben.**
◆ **Falls Sie keine Rauke bekommen, nehmen Sie statt dessen Feldsalat.**

PRAKTISCHER TIP

Wenn die Kartoffeln die Suppe nicht ausreichend binden, können Sie vor dem Binden mit den Eigelben (in Schritt 4) 1 Eßlöffel Mehl mit 1 Eßlöffel Butter verkneten und in die Suppe einrühren. Diese anschließend noch einige Minuten kochen lassen und mit dem Schneebesen gut durchrühren.

GETRÄNKETIP

Ein Weißwein, z.B. ein trockener weißer Burgunder oder ein Pinot Grigio, paßt zu dieser Suppe sehr gut.

POULARDENSUPPE MIT FRÜHLINGSGEMÜSE

Infoblock

◆ **Arbeitszeit: ca. 45 Minuten**
◆ **Garzeit: ca. 65 Minuten**
◆ **4 Portionen**
◆ **ca. 630 kcal je Portion**

Zutaten

1 Poularde (Hähnchen von etwa 1,4 kg)
1¼ l Geflügelbrühe (S. 7 oder aus Instantpulver zubereitet)
1 mittelgroße Möhre
1 Stange Porree
1 Bund Petersilie
1 Lorbeerblatt
½ TL Salz
300 g Stangenspargel
200 g Zuckerschoten
8 Frühlingszwiebeln
2 Eigelb
250 g Sahne
1 EL weißer Portwein
1 Prise Cayennepfeffer

GETRÄNKETIP

Servieren Sie zu dieser Suppe einen Weißwein, z.B. einen Riesling.

1 Die Poularde waschen, halbieren und zusammen mit dem Geflügelfond zum Kochen bringen. Nach einigen Minuten Kochzeit den Schaum von der Suppe abschöpfen.

2 Die Möhre schälen und in Stücke schneiden. Den Porree putzen, der Länge nach halbieren, waschen und in Scheiben schneiden. Die Petersilie waschen. Alles zur Poularde geben, das Lorbeerblatt und etwas Salz hinzufügen. Die Suppe etwa 35 Minuten zugedeckt köcheln lassen.

3 Die Poulardenhälften aus dem Geflügelfond nehmen und etwas abkühlen lassen. Das Fleisch von den Knochen lösen und die Haut entfernen. Die Poulardenteile in etwa 3 cm große Stücke schneiden.

4 Den Geflügelfond in ungefähr 15 Minuten durch Kochen im offenen Topf auf ungefähr ¾ l einkochen lassen. Inzwischen den Spargel waschen, schälen und in etwa 2 cm große Stücke schneiden. Die Zuckerschoten waschen und die Enden jeweils abschneiden. Die Frühlingszwiebeln putzen, waschen und der Länge nach halbieren.

5 Die Spargelstücke in den Sud geben und alles etwa 5 Minuten zugedeckt köcheln lassen. Das übrige Gemüse ergänzen, und die Suppe noch 5 weitere Minuten köcheln lassen. Die Poulardenstücke dazugeben.

6 Die Eigelbe mit der Sahne verquirlen. Die Mischung in die Suppe geben, diese kurz erhitzen, aber nicht kochen lassen. Die Suppe vom Herd nehmen und mit Salz, Portwein und Cayennepfeffer gut abschmecken. Die Suppe in 4 tiefe Teller geben.

BEILAGENTIP

Reichen Sie knuspriges Baguette oder kleine Partybrötchen zur Suppe.

REZEPTVARIATION

Wenn Sie diese Suppe für Gäste verfeinern wollen, können Sie noch 300 g gegartes Hummerfleisch hineingeben.

PRAKTISCHER TIP

Diese Suppe schmeckt nur frisch gekocht und ist daher nicht zum Einfrieren gedacht.

MÖHRENCREMESUPPE MIT PUTENBRUST

Infoblock

◆ Arbeitszeit: ca. 35 Minuten
◆ Garzeit: ca. 25 Minuten
◆ 4 Portionen
◆ ca. 430 kcal je Portion

Zutaten

500 g Möhren
100 g Zwiebeln
3 EL Butter
½ TL Zucker
1 Prise Salz
¾ l Geflügelfond (S. 7 oder aus dem Glas)
250 g Sahne
weißer Pfeffer aus der Mühle
1 Prise Cayennepfeffer
250 g Putenbrust
1 TL Mehl
1 EL Butterschmalz
1 Bund Kerbel

1 Die Karotten waschen, schälen, in feine Scheiben schneiden. Die Zwiebel schälen und ebenfalls in feine Scheiben schneiden. Beides zusammen in der Butter glasig dünsten, dann etwas zuckern und salzen. Den Geflügelfond angießen und alles etwa 15 Minuten zugedeckt köcheln lassen.

2 Die Suppe im Mixer oder mit dem Pürierstab fein pürieren. Die Sahne halbsteif schlagen und darunterheben. Die Suppe mit Salz, Pfeffer und Cayennepfeffer abschmecken und zugedeckt warm halten.

3 Die Putenbrust in etwa 2 cm große Würfel schneiden, salzen, pfeffern und mit dem Mehl bestäuben.

4 Das Butterschmalz erhitzen und das Putenfleisch darin etwa 4 Minuten anbraten. Es in ein Sieb geben und das Fett abtropfen lassen.

5 Den Kerbel waschen, trockentupfen und die Blättchen abzupfen. Das Fleisch in 4 Suppenteller geben und die heiße Karottensuppe darübergießen. Die Suppe mit den Kerbelblättern garnieren.

BEILAGENTIP

Reichen Sie zur Karottensuppe Buttercroûtons oder Walnußbrot. Die Buttercroûtons können Sie folgendermaßen herstellen: Schneiden Sie ½ Baguette (125 g) in Scheiben, bestreichen Sie diese mit etwas Butter, und rösten Sie sie im Ofen bei 200° C etwa 4 Minuten.

REZEPTVARIATIONEN

◆ Statt der Putenbrust können Sie auch Hähnchenbrust verwenden.
◆ Frisch gehackte Petersilie paßt auch gut zur Suppe.

PRAKTISCHER TIP

Achten Sie beim Einkauf darauf, daß Sie frische, junge Möhren, möglichst Bundmöhren mit Grün, erhalten. Diese sind besonders aromatisch und süß.

GETRÄNKETIP

Ein Weißwein, z.B. ein halbtrockener badischer Muskateller oder ein Müller Thurgau, paßt sehr gut zur Suppe.

STIELMUSSUPPE MIT GEBRATENER BLUTWURST

Infoblock

◆ **Arbeitszeit: ca. 45 Minuten**

◆ **Garzeit: ca. 20 Minuten**

◆ **4 Portionen**

◆ **ca. 700 kcal je Portion**

Zutaten

1 TL Salz

**750 g Stielmus oder Rübstiel
(siehe „Praktische Tips")**

50 g magerer Speck

3 Kartoffeln

1 große Zwiebel

3 EL Butter

**¾ l Geflügelfond (S. 7 oder
aus dem Glas)**

weißer Pfeffer aus der Mühle

1 Prise geriebene Muskatnuß

250 g Sahne

200 g feste Blutwurst

1 EL Mehl

1 EL Butterschmalz

1 Etwa 3 l Wasser zusammen mit dem Salz in einem großen Topf zum Kochen bringen. Währenddessen von dem Stielmus die Wurzeln und die dunklen Stellen entfernen, die Blätter 4- bis 5mal in kaltem Wasser sorgfältig waschen und abtropfen lassen. Die Blätter in etwa ½ cm breite Streifen schneiden und diese in kochendem Salzwasser etwa 2 Minuten blanchieren. Das Gemüse dann abschrecken, in ein Sieb geben, gut abtropfen lassen und mit den Händen ausdrücken.

2 Den Speck fein würfeln. Die Kartoffeln waschen, schälen und fein würfeln. Die Zwiebel schälen und ebenfalls in feine Würfel schneiden.

3 Speck-, Kartoffel- und Zwiebelwürfel zusammen in 1 Eßlöffel Butter andünsten. Die Geflügelbrühe angießen und alles 8 bis 10 Minuten zugedeckt köcheln lassen.

4 Von dem blanchierten Stielmus 4 Eßlöffel beiseite legen. Den Rest in die Brühe geben, das Ganze aufkochen lassen und mit Salz, Pfeffer und Muskat würzen. Die Suppe im Mixer oder mit dem Pürierstab fein pürieren. 2 Eßlöffel Butter und die Sahne darunterrühren. Die 4 Eßlöffel blanchierten Stielmus in die Suppe einrühren und diese zugedeckt warm halten.

5 Die Blutwurst häuten, fein würfeln und mit dem Mehl bestäuben. Sie im heißen Butterschmalz unter mehrmaligem Wenden knusprig braten. Die Wurststücke in ein Sieb geben und abtropfen lassen. Die Suppe in 4 tiefe Teller geben und die Blutwurst darauf streuen.

BEILAGENTIP

Reichen Sie dazu kräftig gebackenes Bauern- oder Roggenbrot.

REZEPTVARIATION

Anstelle der gebratenen Blutwurst können Sie auch mildgesalzenen Schinkenspeck oder mildes Kasseler Rippenspeer verwenden. Bei diesen Variationen können Sie jedoch auf das Bestäuben mit Mehl vor dem Anbraten verzichten.

GETRÄNKETIPS

Zur Stielmussuppe schmeckt ein frisches, herbes Pils oder ein Weißwein, z.B. ein leichter Riesling aus dem Rheingau oder ein Silvaner.

◆ Stielmus oder Rübstiel ist ein west-
fälisches Gemüse. Es läßt sich durch
die Blätter von Radieschen ersetzen.

◆ Wenn Sie die Suppe etwas flüssiger
haben möchten, können Sie noch
etwas Geflügelbrühe oder Sahne
hinzufügen.

◆ Blanchieren Sie den Stielmus nicht
länger als angegeben, sonst verliert
er seinen typischen Eigengeschmack.
Sie sollten Stielmus, genau wie Spinat,
nicht aufwärmen.

BOHNENSUPPE MIT GERÄUCHERTEM SCHWEINENACKEN

Infoblock

◆ **Arbeitszeit: ca. 60 Minuten**
◆ **Garzeit: ca. 90 Minuten**
◆ **Quellzeit: ca. 12 Stunden**
◆ **4 Portionen**
◆ **ca. 710 kcal je Portion**

Zutaten

300 g getrocknete weiße Bohnen
200 g Möhren
4 Knoblauchzehen
1 große Zwiebel
3 Stangen Porree
1 Stange Staudensellerie
3 EL Nußöl oder Pflanzenöl
2 EL Butter
¾ l Kalbsfond (S. 7 oder aus dem Glas)
½ l Wasser
3 Lorbeerblätter
½ TL Salz
¼ TL zerstoßene rosa Pfefferkörner
400 g geräucherter Schweinenacken ohne Knochen
schwarzer Pfeffer aus der Mühle
20 Salbeiblätter
1 großer Zweig glatte Petersilie
2 EL Olivenöl
1 Spritzer Tabasco
¼ TL Sojasauce

1 Die Bohnen über Nacht in Wasser einweichen. Danach das Wasser abgießen und die Bohnen gut abtropfen lassen.

2 Die Möhren waschen, schälen und fein würfeln. Den Knoblauch und die Zwiebel schälen und ebenfalls fein würfeln. Den Porree und den Sellerie putzen, waschen und fein hacken.

3 Das Nußöl und die Butter in einem großen Topf erhitzen. Das Gemüse darin etwa 3 Minuten dünsten. Die Bohnen dazugeben, den Kalbsfond und das Wasser angießen. Alles aufkochen lassen, die Lorbeerblätter hinzufügen und das Ganze mit dem Salz und dem rosa Pfeffer würzen.

4 Das Fleisch in etwa 2 cm große Stücke schneiden und zur Suppe geben. Alles etwa 80 Minuten zugedeckt köcheln lassen. Das Fleisch herausnehmen und beiseite legen.

5 Die Hälfte des Eintopfs im Mixer oder mit dem Pürierstab fein pürieren und wieder zum restlichen Eintopf geben. Alles einmal aufkochen lassen und mit schwarzem Pfeffer abschmecken.

6 Den Salbei und die Petersilie waschen, trockentupfen und die Petersilienblättchen abzupfen. Die Kräuter im Olivenöl fritieren, dann in die Suppe geben.

7 Das Fleisch in die Suppe geben, alles noch einmal aufkochen lassen und mit Tabasco sowie Sojasauce abschmecken. Die Suppe in 4 tiefe Teller geben.

BEILAGENTIP

Dazu paßt kräftiges Graubrot oder Vollkornschrotbrot.

REZEPTVARIATIONEN

◆ **Statt des Schweinenackens können Sie auch 400 g geräucherte Schweineschulter oder Rippchen verwenden.**
◆ **Geben Sie 2 kleine rote Chilischoten, geputzt, entkernt und in feine Streifen geschnitten, in die Suppe. Sie gewinnt dadurch mehr an Schärfe.**
◆ **Anstelle der weißen Bohnen können Sie auch schwarze verwenden. Dabei müssen Sie aber eine eventuell andere Garzeit der Bohnen beachten. Je nach Lagerzeit kann die Garzeit erheblich länger werden. Überprüfen Sie ab einer Kochzeit von 1 Stunde, ob die Bohnen schon weich sind.**

◆ Wenn Ihnen die Suppe zu dünn ist, können Sie sie mit gekochten, fein pürierten Kartoffeln andicken.

◆ Sollte die Suppe durch zu stark geräuchertes Fleisch zu scharf sein, so können Sie sie durch gekochte, pürierte Kartoffeln oder etwas Mineralwasser milder machen.

SCHWARZWURZELCREME MIT KASSELER RIPPENSPEER

Infoblock

◆ **Arbeitszeit: ca. 50 Minuten**
◆ **Garzeit: ca. 40 Minuten**
◆ **4 Portionen**
◆ **ca. 600 kcal je Portion**

Zutaten

500 g Schwarzwurzeln
½ l Milch
¾ l Geflügelfond (S. 7 oder
aus dem Glas)
100 ml trockener Weißwein
300 g Crème fraîche
3 EL Butter
1 TL Salz
1 Prise geriebene Muskatnuß
weißer Pfeffer aus der Mühle
200 g Kasseler Rippenspeer
1 EL Butterschmalz
1 Zweig glatte Petersilie

GETRÄNKETIP

Zu der Suppe schmeckt ein
Weißwein, z.B. ein milder
Riesling oder ein Gewürz-
traminer, besonders gut.

1 Die Schwarzwurzeln unter
fließendem Wasser bürsten,
schälen und in etwa 1 cm große
Stücke schneiden. Diese für etwa
10 Minuten in die Milch einlegen,
dann herausnehmen.

2 Die Schwarzwurzeln in dem
Geflügelfond aufkochen und
danach etwa 30 Minuten zugedeckt
bei milder Hitze köcheln lassen.
Einige Stücke herausnehmen und für
die Einlage beiseite stellen. Die restlichen zusammen mit dem Fond fein
pürieren.

3 Die Suppe erneut zum Kochen
bringen. Den Wein und die Crème
fraîche dazugeben und alles zugedeckt etwa 10 Minuten leicht köcheln
lassen.

4 Die Butter in Würfel schneiden
und mit dem Schneebesen oder
dem Pürierstab unter die Suppe
mixen. Diese mit Salz, Muskat und
weißem Pfeffer abschmecken. Die
Suppe zugedeckt warm halten.

5 Das Kasseler in dünne Scheiben
schneiden und in dem Butterschmalz in einer Pfanne leicht anbraten. Das Fleisch in einem Sieb
abtropfen lassen.

6 Die Petersilie waschen, trockentupfen und die Blätter abzupfen.
Die beiseite gelegten Schwarzwurzelstücke zusammen mit dem Kasseler
in 4 tiefen Tellern anrichten. Die
heiße Schwarzwurzelsuppe darübergießen. Die Suppe mit der Petersilie
garnieren.

REZEPTVARIATIONEN

◆ Statt des Geflügelfonds können Sie
auch Kalbsfond (im Glas erhältlich
oder Rezept Seite 7) verwenden.
◆ Als Einlage bietet sich auch geräucherte Putenbrust an. Diese wird auf
die gleiche Weise zubereitet wie das
Kasseler.

PRAKTISCHE TIPS

◆ Damit Sie beim Schälen der
Schwarzwurzeln keine braunen
Flecken an den Händen bekommen,
sollten Sie dabei Gummihandschuhe
tragen. Flecken lassen sich aber auch
mit Zitronensaft entfernen.
◆ Legen Sie die Schwarzwurzelstücke
in die Milch ein, damit sie später beim
Kochen ihre weiße Farbe behalten.
Die Milch können Sie nicht mehr
weiterverwenden.

SAUERKRAUTSUPPE MIT SPECK

Infoblock

- ◆ **Arbeitszeit: ca. 35 Minuten**
- ◆ **Garzeit: ca. 35 Minuten**
- ◆ **4 Portionen**
- ◆ **ca. 560 kcal je Portion**

Zutaten

400 g Kartoffeln

100 g Zwiebeln

2 EL Butter

2 Lorbeerblätter

1¼ l Geflügelfond (S. 7 oder aus dem Glas)

250 g Sauerkraut

125 g Crème fraîche

1 TL Salz

weißer Pfeffer aus der Mühle

¼ TL Paprikapulver edelsüß

½ TL Senf

100 ml Sekt oder Champagner

200 g milder, magerer Schwarzwälder Speck

1 EL Butterschmalz

100 g saure Sahne

GETRÄNKETIPS

Ein kühles Pils oder ein Weißwein, z. B. ein trockener Riesling, paßt sehr gut dazu.

1 Die Kartoffeln waschen, schälen und in feine Scheiben schneiden. Die Zwiebel schälen und ebenfalls in feine Scheiben schneiden.

2 Die Butter erhitzen und die Zwiebel- sowie die Kartoffelscheiben darin andünsten. Die Lorbeerblätter hinzufügen, den Geflügelfond dazugeben und alles etwa 12 Minuten zugedeckt kochen lassen.

3 Das Sauerkraut fein hacken, in die Suppe geben und diese etwa 8 Minuten weiterköcheln lassen. Die Crème fraîche in die Suppe einrühren und diese kurz erhitzen. Die Lorbeerblätter herausnehmen.

4 Die Suppe im Mixer oder mit dem Pürierstab pürieren und mit Salz, Pfeffer, Paprikapulver und Senf abschmecken. Den Sekt in die Suppe geben, diese umrühren und zugedeckt warm halten.

5 Den Speck in feine Streifen schneiden und im Butterschmalz leicht anbräunen. Den Speck aus der Pfanne nehmen und in einem Sieb oder auf Küchenpapier abtropfen lassen.

6 Die Suppe in 4 tiefe Teller geben, die saure Sahne jeweils als Klecks darauf geben und alles mit den Speckstreifen bestreuen.

BEILAGENTIP

Reichen Sie dazu kräftiges Graubrot oder Sonnenblumenkernbrot.

REZEPTVARIATIONEN

- ◆ **Statt des Specks können Sie auch Kasseler Rippenspeer oder Knoblauchwurst (Cabanossi) verwenden.**
- ◆ **Die Crème fraîche läßt sich auch durch Sahne ersetzen.**

PRAKTISCHER TIP

Wenn Sie die Suppe lieber etwas dünner möchten, lassen Sie einen Teil der Kartoffeln weg.

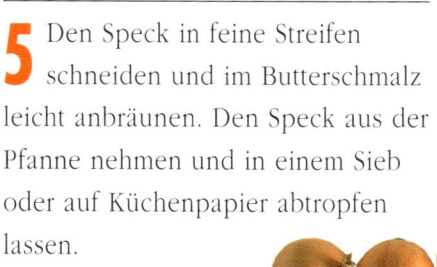

CREMESUPPE VON FORELLE UND ZANDER

Infoblock

◆ **Arbeitszeit: ca. 40 Minuten**
◆ **Garzeit: ca. 10 Minuten**
◆ **4 Portionen**
◆ **ca. 500 kcal je Portion**

Zutaten

150 g Zwiebeln
1 Stange Porree
200 g Knollensellerie
2 EL Butter
2 EL Mehl
1 l Fischfond (S. 7 oder aus dem Glas)
¼ l trockener Weißwein
2 Eigelb
250 g Sahne
250 g frisches Forellenfilet
250 g Zanderfilet
1 TL Salz
weißer Pfeffer aus der Mühle
1 Prise Cayennepfeffer
1 Bund Dill

GETRÄNKETIP

Zur Fischsuppe können Sie leichte trockene Weißweine, wie einen Pinot Grigio, Riesling oder Weißburgunder, trinken.

1 Die Zwiebeln schälen, den Porree putzen und waschen. Beides in feine Ringe schneiden. Den Sellerie schälen und kleinwürfeln.

2 Die Butter in einem Topf erhitzen und das Gemüse darin glasig dünsten. Es mit dem Mehl bestäuben und dieses etwa 1 Minute unter Rühren anschwitzen lassen.

3 Den Fischfond und den Wein zum Gemüse geben. Die Suppe unter Rühren aufkochen und etwa 5 Minuten zugedeckt köcheln lassen.

4 Die Eigelbe und die Sahne miteinander verquirlen. Diese Mischung in die nicht mehr kochende Suppe geben und unter Rühren vorsichtig erhitzen.

5 Die Fischfilets mit einer Pinzette entgräten, kurz waschen, trockentupfen und in etwa 1 cm breite Streifen schneiden. Diese in die Suppe geben und etwa 4 Minuten in der sehr heißen, aber nicht kochenden Flüssigkeit ziehen lassen. Alles mit den Gewürzen abschmecken und zugedeckt warm halten.

6 Den Dill waschen, die Stiele entfernen und die Blätter fein schneiden. Die Suppe in 4 tiefe Teller geben und mit dem Dill bestreuen.

BEILAGENTIP

Reichen Sie dazu Kräuterbrot oder Baguette mit Salzbutter.

REZEPTVARIATIONEN

◆ **Sie können auch Filets von anderen Flußfischen nehmen, z.B. von Hecht, Barsch, Aal oder Lachs.**
◆ **Der Dill läßt sich durch kleingeschnittenen Sauerampfer ersetzen.**

PRAKTISCHER TIP

Kochen Sie den Fisch nicht in der Suppe, sondern lassen Sie ihn nur ziehen. Er wird sonst zu trocken, und die Stücke können zerfallen.

FISCHSUPPE MIT KOKOSSAHNE

Infoblock

◆ **Arbeitszeit: ca. 40 Minuten**

◆ **Garzeit: ca. 10 Minuten**

◆ **4 Portionen**

◆ **ca. 280 kcal je Portion**

Zutaten

2 Knoblauchzehen

1 große Zwiebel

1 rote Chilischote

2 Stangen Porree

1 große, feste Mango

2 EL Erdnußöl

1 l entfetteter Geflügelfond
oder Fischfond (S. 7
oder aus dem Glas)

200 ml ungezuckerte Kokossahne oder -milch (aus dem
asiatischen Spezialitätengeschäft)

300 g Rotbarschfilet

200 g geschälte Garnelen
(siehe „Praktische Tips")

1 TL Salz

1 Prise Currypulver

1 Prise geriebene Muskatnuß

1 EL Sherry

1 Zweig Koriander

12 Basilikumblätter

GETRÄNKETIP

Ein säurearmer Weißwein,
wie ein Pinot Bianco oder
ein Weißburgunder, paßt
dazu.

1 Den Knoblauch und die Zwiebel schälen und fein würfeln. Die Chilischote waschen, der Länge nach halbieren, entkernen und das Fruchtfleisch in feine Streifen schneiden.

2 Den Porree putzen, waschen und in etwa 1 cm große Stücke schneiden. Die Mango schälen und das Fruchtfleisch rundherum vom Stein abschneiden. Es in feine Streifen schneiden.

3 Den Knoblauch, die Zwiebeln und die Chili im Öl goldbraun braten. Die Mango- und die Porreestücke dazugeben, den Geflügel- oder Fischfond angießen, alles aufkochen und etwa 2 Minuten kochen lassen. Die Kokossahne oder -milch dazugeben und die Suppe nochmals aufkochen lassen. Danach die Hitzezufuhr verringern.

4 Den Rotbarsch mit einer Pinzette oder Zange entgräten und in etwa 1 cm große Stücke schneiden. Die Garnelen längs halbieren und die dunklen Därme entfernen. Die Garnelen mit kaltem Wasser abspülen und gut abtropfen lassen.

5 Die Rotbarschwürfel und die halbierten Garnelen in den sehr heißen, aber nicht kochenden Fond geben und etwa 4 Minuten darin

ziehen lassen. Die Suppe mit Salz, Curry, Muskat und Sherry abschmecken und zugedeckt warm halten.

6 Zum Schluß den Koriander und das Basilikum waschen, trockentupfen und die Blätter abzupfen. Die Suppe in 4 tiefe Teller geben und mit den Kräutern bestreuen.

BEILAGENTIP

Reichen Sie dazu Baguette oder indisches Fladenbrot.

REZEPTVARIATIONEN

◆ **Das Rotbarschfilet können Sie durch Filets von Zander oder Karpfen ersetzen.**

◆ **Wenn Sie die Suppe gerne etwas sämiger mögen, fügen Sie etwa 150 g gekochten Reis dazu.**

PRAKTISCHE TIPS

◆ Es ist wichtig, daß die Mango fest-
fleischig ist und säuerlich schmeckt,
sonst wird die Suppe zu süß.

◆ Falls Sie Garnelen mit Schale
gekauft haben, müssen Sie diese
schälen. Brechen Sie dazu zuerst die
Köpfe ab und lösen dann die Schale,
indem Sie an den Füßchen beginnen
und die Schalensegmente rund um
den Rücken lösen. Diesen Vorgang
führen Sie bis zum Schwanzende hin
bei allen Garnelen durch.

MUSCHELSUPPE MIT WURZELGEMÜSE

Infoblock

- ◆ Arbeitszeit: ca. 35 Minuten
- ◆ Garzeit: ca. 15 Minuten
- ◆ 4 Portionen
- ◆ ca. 400 kcal je Portion

Zutaten

750 g frische Miesmuscheln

1 l Wasser

¼ l trockener Weißwein

2 Lorbeerblätter

¼ TL Salz

1 große Zwiebel

1 Möhre

200 g Knollensellerie

1 Stange Porree

250 g Sahne

½ TL Senf

weißer Pfeffer aus der Mühle

60 g kalte Butter

1 Spritzer Tabasco

glatte Petersilie zum Garnieren

GETRÄNKETIPS

Zur Muschelsuppe paßt ein trockener Weißwein oder ein herbes Bier.

1 Die Muscheln in kaltem Wasser mehrmals gut waschen und abtropfen lassen. Bereits geöffnete Muscheln wegwerfen.

2 Wasser, Wein, Lorbeerblätter und Salz zusammen zum Kochen bringen. Die Muscheln hineingeben und etwa 3 Minuten darin kochen. Sie mit einer Schaumkelle herausnehmen, geschlossene Muscheln aussortieren und wegwerfen. Das Muschelfleisch aus den offenen Muscheln auslösen und beiseite legen.

3 Die Zwiebel, die Möhre und den Sellerie schälen und in feine Streifen schneiden. Den Porree waschen, putzen und ebenfalls in feine Streifen schneiden. Das Gemüse im Muschelsud etwa 2 Minuten blanchieren. Es mit der Schaumkelle herausnehmen. Die Gemüsestreifen zum Muschelfleisch geben und warmstellen. Den Ofen auf 140°C vorheizen und 4 Suppenteller hineinstellen.

4 Die Sahne in den Sud geben und aufkochen lassen. Den Senf und den Pfeffer hinzufügen. Die Butter in kleine Würfel schneiden und mit einem Pürierstab oder einem Schneebesen unter die Suppe rühren. Diese mit Tabasco abschmecken.

5 Die Petersilie waschen, trockentupfen und die Blättchen abzupfen. Die Muscheln und das Gemüse auf die vorgewärmten Teller geben, die Muschelsuppe darübergießen und mit der Petersilie garnieren.

BEILAGENTIP

Reichen Sie Baguette oder gebuttertes Vollkornbrot dazu.

REZEPTVARIATIONEN

- ◆ Anstelle der Miesmuscheln können Sie auch Clams oder Venusmuscheln verwenden.
- ◆ Ein Döschen Safranpulver (0,1 g) verleiht der Suppe ein südländisches Aroma. Auch einige geröstete Knoblauchscheiben, die Sie kurz vor dem Servieren in die Suppe geben, erzielen diesen Effekt.

PRAKTISCHE TIPS

- ◆ Sie können statt der Sahne auch Crème fraîche nehmen. Dadurch wird die Suppe cremiger.
- ◆ Etwas mehr Butter gibt der Suppe noch mehr Bindung.
- ◆ Die Muscheln nicht länger als angegeben kochen, da sie sonst trocken und zäh werden.

SCHELLFISCHEINTOPF MIT KARTOFFELN

Infoblock

◆ **Arbeitszeit: ca. 50 Minuten**
◆ **Garzeit: ca. 20 Minuten**
◆ **4 Portionen**
◆ **ca. 350 kcal je Portion**

Zutaten

200 g Zwiebeln
3 Knoblauchzehen
1 große Fenchelknolle
200 g Kartoffeln
3 EL Olivenöl
¼ l trockener Weißwein
1 l Fischfond (S. 7 oder aus dem Glas)
2 Lorbeerblätter
1 Zweig Thymian
400 g Tomaten
1 EL Tomatenmark
1 Prise Salz
weißer Pfeffer aus der Mühle
1 EL Zitronensaft
400 g Schellfischfilets
1 Zweig Dill
1 Zweig Petersilie

GETRÄNKETIP

Dazu paßt hervorragend ein Weißwein, wie z.B. ein trockener Blanc de Blancs, ein Muscadet oder ein Sancerre.

1 Die Zwiebel und den Knoblauch schälen und fein hacken. Den Fenchel waschen, putzen und kleinwürfeln. Die Kartoffeln waschen, schälen und ebenfalls kleinwürfeln.

2 Die Zwiebel-, Knoblauch- und Fenchelwürfel zusammen in einem Topf im Öl glasig andünsten. Alles mit dem Wein und dem Fischfond ablöschen und zugedeckt etwa 3 Minuten leicht köcheln lassen. Die Lorbeerblätter und den Thymian hinzufügen.

3 Die Kartoffelwürfel in die Suppe geben und in 8 bis 10 Minuten gar kochen. Inzwischen die Tomaten waschen, kleinwürfeln und mit dem Tomatenmark mischen. Sie mit Salz, Pfeffer und Zitronensaft pikant abschmecken.

4 Die Fischfilets mit einer Pinzette entgräten und das Fischfleisch in etwa 3 cm große Stücke schneiden. Diese salzen, in die Suppe geben und vorsichtig unterheben. Den Topf vom Herd nehmen und alles zugedeckt etwa 6 Minuten ziehen lassen. Danach die gewürzten Tomatenstücke in die Suppe geben, diese noch einmal erhitzen und zugedeckt warm halten.

5 Den Dill und die Petersilie waschen, trockentupfen, die Blättchen abzupfen und fein hacken. Die Suppe in 4 tiefe Teller geben und mit den Kräutern bestreuen.

BEILAGENTIP

Sie können dazu geröstetes Knoblauchbrot (siehe „Beilagentip" S. 18) oder Kümmelbrot reichen.

REZEPTVARIATIONEN

◆ Statt des Fischfonds können Sie auch eine klare, entfettete Geflügelbrühe verwenden.
◆ Lachs- oder Zanderfilets eignen sich auch gut für dieses Rezept.
◆ Den Fenchel können Sie durch Stangensellerie ersetzen. Dann sollten Sie aber 1 Eßlöffel Anisschnaps (Pernod oder Pastis) hinzufügen.

PRAKTISCHER TIP

Verwenden Sie nach Möglichkeit einen großen, breiten Topf, damit der Fisch und das Gemüse nicht zu eng beieinanderliegen. So behält der Fisch bis zum Anrichten sein appetitliches Aussehen, denn er zerfällt nicht.

VENUSMUSCHELSUPPE MIT TOMATEN

Infoblock

◆ **Arbeitszeit: ca. 45 Minuten**
◆ **Garzeit: ca. 30 Minuten**
◆ **Ruhezeit: ca. 20 Minuten**
◆ **4 Portionen**
◆ **ca. 360 kcal je Portion**

Zutaten

1 kg frische Venusmuscheln
(mit Schalen)
1 l Wasser
100 g feiner Bauchspeck
1 große Zwiebel
1 große Möhre
1 Fenchelknolle
1 grüne Paprikaschote
500 g Eiertomaten
2 EL Olivenöl
150 g Kartoffeln (3–4 Stück)
2 Lorbeerblätter
1 Prise Salz
weißer Pfeffer aus der Mühle
1 rote Chilischote
1 Zweig glatte Petersilie
12 Blätter Basilikum

GETRÄNKETIP

Dazu paßt ein Weißwein, z. B.
ein kräftiger Muscadet, ein
Pinot Grigio oder ein Weißburgunder.

1 Die Venusmuscheln gut waschen und für etwa 20 Minuten in kaltes Wasser legen. Sie dann abschütten und gut abtropfen lassen. Bereits offene Muscheln wegwerfen.

2 Das Wasser zum Kochen bringen und die Muscheln darin etwa 5 Minuten kochen, bis sie sich öffnen. Die Muscheln aus dem Sud nehmen und geschlossene wegwerfen. Aus den geöffneten Muscheln das Fleisch herauslösen. Den Fond durch ein feines Sieb oder ein Tuch geben.

3 Den Speck fein würfeln. Die Zwiebeln schälen und ebenfalls fein würfeln. Möhre, Fenchel und Paprikaschote waschen. Die Möhre putzen und schälen, die Paprikaschote halbieren und entkernen. Den Fenchel putzen. Alles etwa ½ cm groß würfeln.

4 Die Tomaten über Kreuz einritzen, 15 Sekunden in kochendes Wasser geben, abschrecken und enthäuten. Sie dann vierteln, die Stielansätze herausschneiden und die Tomaten entkernen. Das Fruchtfleisch fein hacken.

5 Die Speckwürfel in 1 Eßlöffel Olivenöl in einem Topf anbraten, dann das Fett abgießen. Zwiebel-, Möhren-, Paprika- und Fenchelwürfel zum Speck geben und etwa 2 Minuten unter Rühren dünsten.

6 Inzwischen die Kartoffeln waschen, schälen und fein würfeln. Sie zum Gemüse geben und den Muschelfond sowie die Tomaten und die Lorbeerblätter hinzufügen. Alles zusammen etwa 10 Minuten zugedeckt köcheln lassen.

7 Das ausgelöste Muschelfleisch und die Tomatenwürfel in die Suppe geben, diese mit Salz und Pfeffer würzen, noch einmal erhitzen und zugedeckt warm halten.

8 Die Chilischote der Länge nach halbieren, entkernen und das Fruchtfleisch in feine Streifen schneiden. Die Petersilie und die Basilikumblätter waschen, trockentupfen und die Petersilienblättchen abzupfen.

9 Die Chilistreifen in 1 Eßlöffel Olivenöl anrösten. Die Suppe in 4 Teller geben und mit Chilistreifen und Kräutern garnieren.

REZEPTVARIATIONEN

◆ **Sie können für die Suppe auch Miesmuscheln oder Clams verwenden.**
◆ **1 bis 2 feingehackte Knoblauchzehen verleihen der Suppe einen kräftigeren Geschmack.**

PRAKTISCHER TIP

Wenn Sie keine frischen Venusmuscheln bekommen, können Sie
auch gegarte Venusmuscheln aus dem
Glas oder der Dose verwenden. Diese
werden dann in ein Sieb geschüttet

und der Muschelfond aus der Kon-
serve mit Fischfond (S. 7 oder aus
dem Glas) auf die Menge von 1 l auf-
gefüllt. Löschen Sie mit dem Fond das
Gemüse und den Speck ab und geben
Sie danach die Venusmuscheln, wie im
Rezept beschrieben, in die Suppe.

KLARE FISCHSUPPE MIT PAPRIKA

Infoblock

◆ **Arbeitszeit: ca. 30 Minuten**

◆ **Garzeit: ca. 12 Minuten**

◆ **4 Portionen**

◆ **ca. 250 kcal je Portion**

Zutaten

300 g Kabeljaufilet

100 g geschälte Garnelen

1 Knoblauchzehe

1 Zwiebel

½ rote Paprikaschote

½ grüne Paprikaschote

1 kleine Chilischote

1 Frühlingszwiebel

2 EL Olivenöl

**1¼ l klarer Fischfond (S. 7
oder aus dem Glas)**

**⅛ l Noilly Prat
oder trockener Vermouth**

¼ TL Salz

**1 Prise bunter Pfeffer
aus der Mühle**

einige Basilikumblätter

12 Kirschtomaten

GETRÄNKETIP

Ein säurearmer trockener
Weißwein, wie ein Blanc de
blancs oder ein Pinot Grigio,
paßt zur Fischsuppe.

1 Das Kabeljaufilet mit einer Pinzette entgräten, waschen, trockentupfen und in etwa 2 cm große Würfel schneiden. Die Garnelen unter fließendem Wasser waschen und abtropfen lassen.

2 Den Knoblauch und die Zwiebel schälen und fein würfeln. Die Paprikaschoten und die Chilischote waschen, putzen, entkernen und zusammen fein würfeln. Die Frühlingszwiebel waschen, putzen und in feine Ringe schneiden. Das Gemüse im Olivenöl leicht anschwitzen. Danach das Ganze in einem Sieb oder auf Küchenpapier abtropfen lassen.

3 Das Gemüse und den Fischfond zusammen in einen Topf geben und etwa 2 Minuten köcheln lassen. Noilly Prat, Salz und Pfeffer hinzufügen. Die Suppe anschließend vom Herd nehmen.

4 Die Fischwürfel und die Krabben in den Fond geben, mit Salz und buntem Pfeffer abschmecken und etwa 8 Minuten ziehen lassen.

5 Die Basilikumblätter waschen und in feine Streifen schneiden. Von den Kirschtomaten die Stielansätze entfernen. Die Tomaten 15 Sekunden in siedendes Wasser tauchen, dann abschrecken und enthäuten. Die Tomaten in tiefe Teller geben und die Suppe darübergießen. Die Basilikumstreifen darauf streuen.

BEILAGENTIP

Reichen Sie dazu geröstetes Knoblauchbrot (siehe „Beilagentip" S. 22) oder Baguette.

REZEPTVARIATIONEN

◆ Sie können auch andere weißfleischige, fettarme Fische, wie z.B. Seeteufel, Seehecht oder Wolfsbarsch, verwenden.

◆ Statt der Garnelen eignet sich auch Muschelfleisch für dieses Rezept. Die Garzeit verändert sich dadurch nicht.

◆ Wenn Sie lieber weniger Fischgeschmack haben möchten, können Sie anstelle des Fischfonds auch entfetteten Geflügelfond (S. 7 oder aus dem Glas) verwenden.

SPARGELEINTOPF MIT LACHSWÜRFELN

Infoblock

◆ **Arbeitszeit: ca. 65 Minuten**
◆ **Garzeit: ca. 25 Minuten**
◆ **4 Portionen**
◆ **ca. 640 kcal je Portion**

Zutaten

**1 kg weißer Stangen-
oder Bruchspargel**
1 l Wasser
1 TL Salz
1 TL Zucker
1 EL Zitronensaft
2 EL Butter
250 g Sahne
3 Eigelb
300 g Kartoffeln
400 g Lachsfilet
½ Bund Petersilie

GETRÄNKETIP

Dazu paßt z. B. ein Elsässer Pinot Blanc, ein Weißwein, Müller Thurgau oder ein junger Riesling.

1 Den Spargel waschen, schälen und in etwa 2 cm lange Stücke schneiden. Diese in das Wasser geben, salzen und zuckern. Den Zitronensaft zusammen mit der Butter zum Spargel geben und alles etwa 10 Minuten zugedeckt köcheln lassen.

2 Den Spargel aus dem Sud nehmen und warm stellen. Das Spargelwasser köcheln lassen. Etwa ein Viertel der Spargelstücke zusammen mit der Sahne und den Eigelben im Mixer oder mit dem Pürierstab pürieren. Das Püree durch ein Sieb geben.

3 Die Kartoffeln waschen, schälen und in etwa 1 cm große Würfel schneiden. Sie im Spargelwasser in 8 bis 10 Minuten gar kochen.

4 Die Spargelstücke zu den Kartoffelstücken geben und die Brühe kurz aufkochen lassen. Das Spargelpüree vorsichtig in die Flüssigkeit einrühren. Den Eintopf noch einmal erhitzen (er darf nicht kochen).

5 Das Lachsfilet mit einer Pinzette entgräten, in etwa 2 cm große Würfel schneiden und diese zum Eintopf geben. Alles etwa 5 Minuten ziehen lassen. Die Petersilie waschen, trockentupfen und fein schneiden. Die Suppe in 4 tiefe Teller geben und mit der Petersilie bestreuen.

BEILAGENTIP

Reichen Sie dazu Baguette oder gebuttertes Toastbrot.

REZEPTVARIATIONEN

◆ Der Lachs läßt sich durch geschälte Garnelen oder Seeteufelfilet ersetzen.
◆ Statt des Spargels können Sie auch Schwarzwurzeln verwenden, die Sie, wie auf S. 50 (Praktischer Tip) beschrieben, vorbereiten.

PRAKTISCHE TIPS

◆ Lassen Sie den Lachs bitte nicht länger als angegeben kochen, sonst wird er trocken, und die Stücke können zerfallen.
◆ Der Spargeleintopf eignet sich nicht zum Aufwärmen, weil dann das Eigelb gerinnt.
◆ Aus den Spargelschalen läßt sich ein Fond herstellen, den Sie für Spargelcremesuppen weiterverwenden können. Kochen Sie sie dazu in ¾ l Wasser zusammen mit etwas Salz, Zucker und Butter auf, lassen Sie diese Mischung danach noch etwa 20 Minuten köcheln und anschließend im Topf erkalten. Geben Sie den Fond durch ein Sieb und fangen ihn dabei auf. Der Spargelfond wird mit 250 g Sahne verfeinert und mit 1 Eßlöffel Mehlbutter (siehe „Praktische Tips" S. 16) gebunden.

INDISCHE CURRYSUPPE

Infoblock

◆ **Arbeitszeit: ca. 40 Minuten**
◆ **Garzeit: ca. 40 Minuten**
◆ **4 Portionen**
◆ **ca. 590 kcal je Portion**

Zutaten

100 g Schalotten
4 Knoblauchzehen
50 g Ingwerknolle
400 g Hähnchenbrustfilets
2 EL Kokosfett
2 EL Currypulver
(z. B. Madrascurry)
1 EL Mehl
1 l Geflügelfond (S. 7 oder
aus dem Glas)
1 Mango
100 g Mango Chutney
1 TL Salz
½ TL Worcestersauce
250 g Sahne
100 g Kokossahne bzw.
-milch (aus der Dose)
2 Eigelb
1 Bund Petersilie

GETRÄNKETIP

Ein Weißwein, z. B. ein halb-trockener Muskateller oder ein Gewürztraminer, paßt dazu.

1 Schalotten, Knoblauch und Ingwer schälen und fein würfeln. Die Hähnchenbrustfilets in feine Streifen schneiden.

2 Das Gemüse und das Fleisch zusammen im Kokosfett anbraten und mit dem Currypulver und dem Mehl bestäuben. Das Ganze unter ständigem Rühren anschwitzen. Die Gemüse-Fleisch-Mischung mit dem Fond ablöschen und etwa 30 Minuten zugedeckt bei schwacher Hitze köcheln lassen.

3 Die Mango schälen, das Frucht-fleisch vom Stein abschneiden und fein würfeln. Das Mango Chut-ney fein würfeln und zusammen mit den Mangowürfeln in die Suppe geben. Diese mit Salz, Worcester-sauce und nochmals mit Currypulver abschmecken.

4 Die Sahne mit der Kokossahne verrühren. Die Eigelbe dazugeben, alles verrühren und in die Suppe geben. Diese nochmals unter Rühren erhitzen, aber nicht aufkochen lassen, und zugedeckt warm halten.

5 Die Petersilie waschen, gut ab-tropfen lassen und fein hacken. Die Suppe in 4 tiefe Teller geben und mit der gehackten Petersilie bestreuen.

BEILAGENTIPS

Zu dieser Suppe paßt Basmatireis sowie Roti oder Chapati (indische Fladenbrote aus dem asiatischen Feinkostladen).

REZEPTVARIATIONEN

◆ Sie können anstelle der Hähnchen-brustfilets auch Putenbrustfilets ver-wenden.
◆ Frische Korianderblätter verleihen der Suppe einen etwas schärferen und noch exotischeren Geschmack.

PRAKTISCHE TIPS

◆ Verwenden Sie keine zu reife Mango, denn sie zerfällt beim Garen sehr schnell.
◆ Achten Sie beim Kauf des Curry-pulvers auf gute Qualität, denn gün-stigere Sorten können leicht bitter werden.

KARIBISCHE ORANGEN-TOMATEN-SUPPE

Infoblock

◆ **Arbeitszeit: ca. 60 Minuten**
◆ **Garzeit: ca. 30 Minuten**
◆ **4 Portionen**
◆ **ca. 310 kcal je Portion**

Zutaten

1,5 kg reife Fleischtomaten
2 Limetten
8 unbehandelte Orangen
1 Zitrone
1 große Gemüsezwiebel
3 EL kaltgepreßtes Olivenöl
1 EL Maismehl
1 Zweig Koriander
1 Bund Schnittlauch
1 Bund glatte Petersilie
1 TL Salz
1 Prise Zucker
weißer Pfeffer aus der Mühle
1 Prise geriebene Muskatnuß

1 Die Tomaten über Kreuz einritzen, etwa 15 Sekunden in kochendem Salzwasser blanchieren, abschrecken und enthäuten. Sie dann vierteln, die Stielansätze herausschneiden und die Tomaten entkernen. Das Fruchtfleisch grob hacken.

2 Die Limetten und 2 Orangen heiß abwaschen. Die Schale sehr dünn (ohne die weiße Haut) abschälen und in sehr feine Streifen schneiden. Beide Orangen, die Limetten und die Zitrone auspressen. Die Zwiebel schälen und in recht feine Scheiben schneiden.

3 Das Olivenöl erhitzen und die Zwiebelscheiben sowie die Orangen- und die Limettenschalen darin dünsten. Die Tomatenstücke hinzufügen und kurz mitdünsten. Orangen-, Limetten- und Zitronensaft dazugeben, alles etwa 15 Minuten zugedeckt köcheln lassen.

4 Die Suppe durch ein Sieb streichen (siehe „Praktischer Tip" S. 26), die Flüssigkeit auffangen und wieder zum Kochen bringen.

5 Die restlichen Orangen auspressen. Den Saft mit dem Maismehl glattrühren und in die Tomatensuppe einrühren. Diese nochmals etwa 5 Minuten zugedeckt köcheln lassen.

6 Koriander, Schnittlauch und Petersilie waschen, trockentupfen und fein hacken. Die Suppe mit Salz, Zucker, weißem Pfeffer und Muskat würzen. Sie in 4 tiefe Teller geben und mit den Kräutern bestreuen.

BEILAGENTIP

Reichen Sie dazu Baguette.

REZEPTVARIATIONEN

◆ **Statt der frischen Tomaten können Sie auch gekochte Tomaten aus der Dose (den Saft auch nehmen) verwenden.**
◆ **Der Koriander läßt sich durch Basilikum ersetzen.**

PRAKTISCHER TIP

Verwenden Sie keinen fertigen Orangensaft, da dieser beim Kochen bitter wird.

GETRÄNKETIP

Zu dieser Suppe paßt ein gut gekühlter Tomatensaft, den Sie mit einem Schuß weißen Rum verfeinern können.

SAUDIARABISCHE DATTELSUPPE

Infoblock

◆ **Arbeitszeit: ca. 40 Minuten**

◆ **Garzeit: ca. 40 Minuten**

◆ **4 Portionen**

◆ **ca. 660 kcal je Portion**

Zutaten

500 g Lammkeule ohne
Knochen
100 g Zwiebeln
2 Knoblauchzehen
2 EL Kokosfett
1½ l Wasser
2 Lorbeerblätter
½ TL schwarze Pfefferkörner
1 TL Salz
3 Limetten
300 g frische Datteln
1 Prise Sternanispulver
1 Prise Nelkenpulver
1 Bund Koriander

GETRÄNKETIPS

In den arabischen Staaten
trinkt man zu dieser Suppe
Fruchtsaft, Tee oder Wasser.
Es paßt aber auch ein halbtrockener Rosé.

1 Die Lammkeule kurz waschen,
abtrocknen und in 1 bis 2 cm
große Würfel schneiden. Die Zwiebeln und den Knoblauch schälen und
fein würfeln. Das Kokosfett in einem
Topf erhitzen und die Fleischwürfel
darin anbraten. Nach etwa 5 Minuten
die Zwiebel- und Knoblauchwürfel
dazugeben und alles zusammen noch
3 Minuten weiterbraten.

2 Das Wasser zum Fleisch geben,
die Lorbeerblätter, die Pfefferkörner und etwas Salz hinzufügen
und die Suppe etwa 30 Minuten zugedeckt köcheln lassen.

3 Danach die Limetten auspressen
und den Saft in die Suppe geben.
Von den Datteln die Haut abziehen,
die Früchte halbieren, entkernen und
in die Suppe geben. Diese mit Stern-
anis, Nelkenpulver und Salz kräftig
abschmecken und zugedeckt warm
halten.

4 Den Koriander waschen, trockentupfen und die Blätter von den
Stielen zupfen. Die Suppe in 4 tiefe
Teller geben und mit dem Koriander
bestreuen.

BEILAGENTIP

Reichen Sie dazu Fladenbrot oder
Baguette.

REZEPTVARIATIONEN

◆ Statt der Lammkeule können Sie
auch Lammschulter nehmen. Dann
verlängert sich eventuell die Garzeit
des Fleischs, da Lammschulter etwas
weniger zart als Lammkeule ist.
◆ Die Limetten können Sie durch
Zitronen ersetzen.

PRAKTISCHER TIP

Die Datteln lassen sich etwas leichter
schälen, wenn Sie sie kurz in das
Gefrierfach legen. Die Schale wird
dann etwas fester und läßt sich leichter abziehen.

ERDNUSS-SUPPE AUS GHANA

Infoblock

◆ **Arbeitszeit: ca. 40 Minuten**

◆ **Garzeit: ca. 45 Minuten**

◆ **4 Portionen**

◆ **ca. 630 kcal je Portion**

Zutaten

500 g Lammschulter
ohne Knochen

200 g Zwiebeln

3 Knoblauchzehen

500 g reife Fleischtomaten

2 EL Kokosfett

1 TL Salz

schwarzer Pfeffer aus der
Mühle

1 l Lamm- oder Rinderfond
(S. 7 oder aus dem Glas)

2 Peperoni

200 g Erdnußkerne (mild
gesalzen oder ungesalzen)

1 Die Lammschulter in 1 bis 2 cm große Stücke schneiden. Die Zwiebeln und die Knoblauchzehen schälen und fein würfeln. Die Tomaten waschen, die Stielansätze herausschneiden und das Fruchtfleisch grob hacken.

2 Das Kokosfett in einem großen Topf erhitzen und das Fleisch darin kräftig anbraten. Die Zwiebel- und die Knoblauchwürfel dazugeben und etwa 3 Minuten mitbraten.

3 Die Tomatenstücke zu dem Gemüse und dem Fleisch in den Topf geben und ebenfalls andünsten. Das Ganze etwas salzen und pfeffern, den Fond angießen und die Suppe etwa 25 Minuten zugedeckt köcheln lassen.

4 Die Peperoni waschen, halbieren und die Kerne herauskratzen. Die Hälften in die Suppe geben und etwa 5 Minuten mitköcheln lassen. Sie danach wieder herausnehmen.

5 Die Erdnußkerne in einem Mörser zu Erdnußmus zerstampfen, es in die Suppe geben und etwa 1 Minute mitköcheln lassen. Die Suppe mit etwas Salz abschmecken und in 4 tiefe Teller geben.

BEILAGENTIPS

Reichen Sie dazu Fladenbrot oder gekochten Risottoreis. Der Reis wird separat serviert und portionsweise in die Suppe gegeben.

REZEPTVARIATION

Wenn Sie keine Lammschulter bekommen, tauschen Sie sie durch Lammkeule oder -brust aus. Die Garzeit der Fleischwürfel kann sich bei Verwendung von Lammkeule etwas verringern, da diese oft etwas zarter als Schulter oder Brust ist.

PRAKTISCHE TIPS

◆ Falls Sie keinen Mörser im Haushalt haben, können Sie die Erdnußkerne auch in einem Mixer zerkleinern oder mit dem Rücken eines breiten Messers zu Mus zerdrücken.

◆ Wenn die Erdnußkerne stark gesalzen sind, sollten Sie beim Abschmecken die Salzmenge etwas verringern.

GETRÄNKETIPS

In Ghana trinkt man Bier dazu. Sie können aber auch einen trockenen, leichten Rosé servieren.

KOKOSNUSS-SUPPE AUS BAHIA

Infoblock

◆ **Arbeitszeit: ca. 30 Minuten**
◆ **Garzeit: ca. 30 Minuten**
◆ **4 Portionen**
◆ **ca. 440 kcal je Portion**

Zutaten

4 Hähnchenschenkel
1½ l Wasser
1 Kokosnuß
2 grüne Bananen
Saft von 2 Limetten
1 TL Salz
½ TL Krabben- oder
Shrimpspaste („Blachan",
aus dem asiatischen
Spezialitätengeschäft)
¼ TL Chilisauce
1 Zweig Koriander

GETRÄNKETIP

Dazu paßt ein Caipirinha-Cocktail. Caipirinha besteht aus 1 geviertelten Limette, etwa 2 Teelöffeln braunem Zucker, 5 Eßlöffeln Zucker-rohrschnaps (Cachaça) und zerstoßenem Eis.

1 Die Hähnchenschenkel waschen und an den Gelenken mit einem scharfen Messer halbieren. Die Schenkel zusammen mit dem Wasser aufsetzen und darin etwa 20 Minuten zugedeckt köcheln lassen. In der Zwischenzeit die Kokosnuß aufschlagen (siehe „Praktischer Tip"), das Wasser aus der Frucht abgießen und auffangen. Das Kokosfleisch aus den Kokoshälften herausschälen und auf einer Reibe fein reiben.

2 Die Hähnchenteile aus dem Wasser nehmen und etwas abkühlen lassen. Das Fleisch von den Knochen lösen, es in mundgerechte Stücke schneiden und zusammen mit dem Kokosnußfleisch und dem Kokosnuß-wasser in die Suppe geben.

3 Die Bananen schälen, in feine Scheiben schneiden und in die Suppe geben. Die Limetten auspressen. Die Suppe mit dem Limettensaft, dem Salz, der Krabbenpaste und der Chilisauce kräftig abschmecken und noch einmal kurz aufkochen lassen.

4 Den Koriander waschen, trockentupfen und die Blättchen abzupfen. Sie in die Suppe geben und das Ganze noch einige Minuten ziehen lassen. Die Suppe in 4 tiefe Teller geben.

REZEPTVARIATION

Statt der Hähnchenschenkel können Sie auch Hähnchenbrüste verwenden. Dann verringert sich die Garzeit des Fleischs um etwa 5 Minuten.

PRAKTISCHE TIPS

◆ Die Kokosnuß können Sie auf folgende Weise öffnen: Schlagen Sie durch 2 der 3 Augen der Kokosnuß mit einem dicken Nagel jeweils ein Loch. Durch diese Löcher kann das Wasser der Kokosnuß herauslaufen und aufgefangen werden. Die Schale der Kokosnuß können Sie nun mit einem Hammer rundherum aufschlagen.

◆ Wenn Sie eine junge, grüne Kokosnuß bekommen, können Sie dieser Suppe einen noch feineren, frischeren Geschmack verleihen.

◆ Wenn die Kokosnuß kein Wasser enthält, verwenden Sie etwas Kokospaste oder -milch aus der Dose.

ANDALUSISCHE AVOCADOSUPPE

Infoblock

◆ **Arbeitszeit: ca. 35 Minuten**
◆ **Garzeit: ca. 25 Minuten**
◆ **4 Portionen**
◆ **ca. 630 kcal je Portion**

Zutaten

200 g rote Zwiebeln
2 Knoblauchzehen
150 g magerer, luft-getrockneter Bauchspeck
1 EL Olivenöl
1½ l Geflügelfond (S. 7 oder aus dem Glas)
500 g reife Fleischtomaten
3 Avocados
1 Frühlingszwiebel
1 Zweig Majoran
1 TL Salz
1 Prise roter spanischer Pfeffer
1 Spritzer Rotweinessig

1 Die Zwiebeln und den Knoblauch schälen und in dünne Scheiben schneiden. Den Speck fein würfeln und im erhitzten Olivenöl zusammen mit dem Knoblauch und den Zwiebeln kurz andünsten. Den Geflügelfond angießen und das Ganze etwa 15 Minuten zugedeckt köcheln lassen.

2 Inzwischen die Tomaten über Kreuz einritzen, etwa 15 Sekunden in kochendes Wasser geben, abschrecken und enthäuten. Sie dann vierteln, die Stielansätze herausschneiden und die Tomaten entkernen. Das Fruchtfleisch kleinwürfeln.

3 Die Avocados schälen, halbieren, entkernen und kleinwürfeln. Die Frühlingszwiebel waschen, putzen und in feine Röllchen schneiden.

4 Das kleingeschnittene Gemüse in die Suppe geben und alles etwa 2 Minuten zugedeckt köcheln lassen. Den Majoran waschen, trockentupfen und die Blätter abzupfen.

5 Die Suppe dann mit Salz, Pfeffer, Essig und den Majoranblättern abschmecken, noch einmal aufkochen lassen und dann in 4 tiefe Teller geben.

BEILAGENTIP

Reichen Sie dazu geröstetes, mit Knoblauch abgeriebenes Baguette.

REZEPTVARIATION

Sie können die Suppe mit 2 Eßlöffeln in Scheiben geschnittenen Oliven bestreuen.

PRAKTISCHE TIPS

◆ Verwenden Sie keine zu reifen Avocados, sonst wird die Suppe leicht trüb. Geschmacklich ändert sich dadurch allerdings nichts.
◆ Wenn Sie sichergehen wollen, daß die Avocados den richtigen Reifegrad haben, kaufen Sie sie einige Tage bevor Sie die Suppe zubereiten wollen. Legen Sie die Früchte an einen dunklen Ort. Wenn die Avocados sich mit dem Finger etwas eindrücken lassen, haben sie den richtigen Reifegrad.
◆ Köcheln Sie die Suppe nicht zu lange, denn die Avocado wird durch Hitze leicht bitter.

GETRÄNKETIP

Dazu paßt ein trockener spanischer Rotwein, Weißwein oder ein Rosé.

BOUILLABAISSE MARSEILLER ART MIT AIOLI

1 Die Toastscheiben entrinden und in kleine Würfel schneiden. Diese in der Milch für etwa 2 Minuten einweichen. Das Brot ausdrücken und in eine Rührschüssel geben. Die Knoblauchzehe durch eine Presse drücken und zusammen mit den Eigelben, dem Salz und dem Pfeffer zu dem Brot geben.

2 Das Olivenöl mit einem Schneebesen oder einem Pürierstab zuerst tropfenweise, dann etwas zügiger einrühren. Dabei darauf achten, daß die Aioli nicht gerinnt. Die Aioli zugedeckt kühl stellen.

3 Den Knoblauch schälen und in feine Scheiben schneiden. Den Fenchel waschen, putzen und in etwa 1 cm dicke Scheiben schneiden. Die Tomaten über Kreuz einritzen, etwa 15 Sekunden in kochendes Wasser geben, abschrecken und enthäuten. Sie dann vierteln, die Stielansätze herausschneiden und die Tomaten entkernen. Das Fruchtfleisch in Würfel schneiden. Die Frühlingszwiebeln putzen, waschen und kleinschneiden.

4 Den Rosmarin und den Thymian waschen. Den Fischfond erhitzen. Das kleingeschnittene Gemüse, den Rosmarin und den Thymian dazugeben und alles etwa 6 Minuten zugedeckt köcheln lassen.

5 Die Fischfilets in etwa 3 cm große Stücke schneiden, in den Sud geben und den Safran hinzufügen. Bereits geöffnete Muscheln wegwerfen. Die geschlossenen Muscheln gründlich waschen und in die Suppe geben. Diese mit etwas Salz, weißem Pfeffer, Tabasco und Anisschnaps abschmecken und noch etwa 6 Minuten zugedeckt köcheln lassen. Die Muscheln, die sich dann noch nicht geöffnet haben, entfernen.

6 Das Weißbrot in dünne Scheiben schneiden. Die Suppe in 4 tiefe Teller geben. Das Weißbrot und die Aioli dazu servieren.

GETRÄNKETIP

Am besten paßt dazu ein Weißwein, z.B. ein Muskateller oder ein Sancerre.

REZEPTVARIATION

Sie können die Fische und Meeres-
früchte durch andere Sorten wie z.B.
grünen Aal, Rotbarsch, Schellfisch
oder Hummerkrabben ersetzen.

PRAKTISCHER TIP

Wenn der Fischfond zu stark einge-
kocht ist oder zu kräftig schmeckt,
können Sie ihn mit trockenem
Weißwein wieder aufgießen.

UNGARISCHE LINSENSUPPE

1 Das Schweinefleisch waschen, gut trockentupfen und in 1 bis 2 cm große Würfel schneiden. Die Zwiebeln und den Knoblauch schälen und in feine Streifen schneiden.

2 Die Tomaten über Kreuz einritzen, für etwa 15 Sekunden in kochendes Wasser geben, danach abschrecken und enthäuten. Sie dann vierteln und die Stielansätze herausschneiden. Das Fruchtfleisch entkernen und grob hacken.

3 Das Schweinefleisch in 3 Eßlöffeln Schweineschmalz in etwa 5 Minuten goldbraun anbraten. Die Zwiebeln und den Knoblauch dazugeben und alles etwa 5 Minuten unter ständigem Rühren dünsten. Die Tomatenstücke zu der Fleisch-Zwiebel-Mischung geben und etwa 3 Minuten mitschmoren lassen.

4 Das Paprikapulver unter das Fleisch und das Gemüse rühren. Alles mit dem Fond ablöschen, das Salz und die Lorbeerblätter dazugeben und alles aufkochen lassen.

5 Die Kartoffeln waschen, schälen, in etwa 2 cm große Würfel schneiden und diese in die Suppe geben. Die Linsen gut waschen und ebenfalls dazugeben. Alles etwa 30 Minuten zugedeckt köcheln lassen.

6 Den Speck fein würfeln. Den Porree putzen, waschen, halbieren und in Streifen schneiden. Beides in 1 Eßlöffel Schmalz goldbraun braten und in die Suppe geben. Diese mit Salz abschmecken und in 4 tiefe Teller geben.

BEILAGENTIP

Reichen Sie dazu ein kräftiges, dunkles Bauernbrot.

REZEPTVARIATIONEN

◆ Sie können auch Tomaten aus der Dose verwenden. Diese abschütten, grob zerkleinern, und erst 10 Minuten vor Ende der Garzeit der Linsen zur Suppe geben.
◆ Wenn Sie kein Schweinefleisch mögen, können sie auch Lamm- oder Rindfleisch verwenden.

PRAKTISCHER TIP

Sollte Ihnen die Suppe zu scharf sein, dann können Sie sie durch 1 Eßlöffel glattgerührte saure Sahne, den Sie auf die angerichtete Suppe geben, milder machen.

GETRÄNKETIP

Dazu paßt sehr gut ein Weißwein, z.B. ein halbtrockener Tokajer.

UKRAINISCHER BORSCHTSCH

1 Die Beinscheiben waschen und zusammen mit dem Speck, den Lorbeerblättern und dem kalten Wasser aufsetzen. Das Ganze aufkochen und dann etwa 60 Minuten zugedeckt köcheln lassen.

2 Zwiebeln, Möhre, Petersilienwurzeln und rote Beten schälen und in feine Streifen schneiden. Von dem Weißkohl die Außenblätter entfernen, den Kohl mit einem großen Messer vierteln, den Strunk herausschneiden, die Kohlviertel waschen und in feine Streifen schneiden.

3 Die Beinscheiben aus der Brühe nehmen, zur Seite legen, den Fond durch ein Sieb schütten und auffangen. Ihn in einem Topf wieder zum Kochen bringen. Das Gemüse hineingeben und etwa 20 Minuten zugedeckt köcheln lassen. Die Petersilie waschen und die Blättchen von den Stielen abzupfen.

4 Die Suppe mit Salz, Zucker, weißem Pfeffer und Essig abschmecken. Das Fleisch von den Knochen lösen und zusammen mit dem Speck in kleine Streifen schneiden. Beides wieder in die Suppe geben und diese noch einmal aufkochen lassen.

5 Die Suppe in 4 tiefe Teller geben, jeweils 1 bis 2 Eßlöffel saure Sahne darauf geben und die Suppe mit der Petersilie bestreuen.

BEILAGENTIP

Reichen Sie dazu ein kräftiges Graubrot und eingelegte Gurken.

REZEPTVARIATION

Statt der Beinscheiben können Sie auch Hochrippe oder Ochsenbrust nehmen.

PRAKTISCHER TIP

Die saure Sahne können Sie vorher mit etwas flüssiger Sahne glattrühren. Sie bekommt dadurch eine glattere Konsistenz.

GETRÄNKETIP

Dazu paßt ein kühles Pils und ein Wodka.

ELSÄSSER SCHNECKENSUPPE

Infoblock

◆ **Arbeitszeit: ca. 35 Minuten**

◆ **Garzeit: ca. 15 Minuten**

◆ **4 Portionen**

◆ **ca. 380 kcal je Portion**

Zutaten

100 g Schalotten

5 Knoblauchzehen

1 große Möhre

1 Stange Porree

2 Stangen Staudensellerie

1 große Dose Weinberg-schnecken (ca. 48 Stück)

2 EL Butter

2 EL Mehl

1 l Geflügelfond (S. 7 oder aus dem Glas)

250 g Sahne

2 Lorbeerblätter

1 Bund Petersilie

1 TL Salz

weißer Pfeffer aus der Mühle

1 Prise geriebene Muskatnuß

⅛ l trockener Weißwein, z. B. Riesling

1 Die Schalotten und den Knoblauch schälen und fein würfeln. Die Möhre waschen, schälen und ebenfalls fein würfeln. Den Porree und den Sellerie putzen und gut waschen. Beides fein würfeln. Die Schnecken in einem Sieb abtropfen lassen und den Fond dabei auffangen.

2 Die Butter erhitzen und das Gemüse darin glasig dünsten. Es mit dem Mehl bestäuben und 3 Minuten weiterdünsten. Danach das Ganze mit dem Geflügelfond, der Sahne und dem Schneckenfond ablöschen. Die Suppe unter ständigem Rühren etwa 10 Minuten zugedeckt köcheln lassen. Dann die Lorbeerblätter hinzufügen.

3 Die Schnecken fein hacken und in die Suppe geben. Die Petersilie waschen, trockentupfen, die Blätter abzupfen und fein hacken.

4 1 Eßlöffel der Petersilie zur Seite legen. Den Rest in die Suppe geben und diese mit Salz, Pfeffer, Muskat und dem Wein abschmecken. Die Suppe in 4 tiefe Teller geben, mit der restlichen Petersilie bestreuen.

BEILAGENTIP

Reichen Sie dazu Baguette oder geröstetes, mit Knoblauch abgeriebenes Toastbrot.

REZEPTVARIATION

Statt der Sahne können Sie auch Crème fraîche nehmen.

PRAKTISCHER TIP

Achten Sie beim Abschmecken der Suppe darauf, daß Sie sparsam salzen, denn der Knoblauch schwächt den Salzgeschmack ab. Beim Verzehren der Suppe macht sich das Salz jedoch wieder voll bemerkbar.

GETRÄNKETIP

Hierzu paßt ein Weißwein, z. B. ein trockener Elsässer Riesling oder ein Edelzwicker.

WENN DIE DRACHEN STEIGEN ...

Im Herbst bietet sich eine große Auswahl heimischer Früchte und Gemüsesorten für die Zubereitung ausgefallener Gerichte an. Wie wäre es einmal mit einem Menü aus regionalen Spezialitäten?

Laden Sie Gäste ein, oder gönnen Sie sich und Ihrer Familie etwas Besonderes. Wir präsentieren Ihnen hier ein herbstliches Menü aus Westfalen. Diese Gegend Deutschlands zeichnet sich durch die große Bodenständigkeit ihrer Bewohner und durch landestypische Gerichte aus.

Machen Sie mit Ihren Freunden oder Ihrer Familie nach dem Menü einen ausgedehnten Spaziergang. Nach der Stärkung durch das Essen rundet etwas Bewegung den Tag wunderbar ab.

Und das wird serviert

Altbierbowle mit Brombeeren
(Rezept S. 92)

———

Rapunzelsalat mit Steinpilzen
(Rezept S. 92)

———

Stielmussuppe mit gebratener
Blutwurst (Rezept S. 46)

———

Stippmilch mit Zwetschgen und
Pumpernickel (Rezept S. 93)

Was die Natur uns bietet – frisch auf den Tisch

Das Gute liegt so nah ...

Gerade im Herbst, wenn geerntet wird, lohnt es sich, auf heimische Lebensmittel zurückzugreifen. Es müssen nicht immer exotische Zutaten sein, die ein Gericht bereichern, sondern es können auch solche sein, die sozusagen vor der Haustür wachsen und erntefrisch auf den Tisch kommen. Diese Produkte sind besonders aromatisch und vitaminreich. Sollten Sie die Möglichkeit haben, Lebensmittel aus Ihrer Umgebung zu kaufen, so sollten Sie dies tun.

Mit dem hier vorgestellten Menü haben Sie die Gelegenheit, eine ganze Speisenfolge auf das Angebot an Früchten, Gemüse- und Salatsorten im Herbst abzustimmen. Gönnen Sie sich das Vergnügen, die Zutaten auf dem Wochenmarkt einzukaufen.

Die Vorbereitungen für das Menü, wie das Blätter- und Waldfrüchtesammeln oder das Drachenbauen, werden in Ihnen vielleicht Erinnerungen an die Kindheit wekken. Wir wünschen Ihnen schon jetzt viel Spaß dabei.

Die Einladung

Sie können als Einladungskarten kleine Drachen basteln. Sollte das Drachenbauen schon in Vergessenheit geraten sein, hier eine kleine Anleitung:

Für jeden Drachen 2 Holzstäbe (etwa 15 und 20 cm lang) rechtwinklig als Kreuz zusammenkleben und -nageln (siehe Abb. Drachen). An den 4 Stabenden sehr kleine Holznägel einschlagen und etwas herausstehen lassen. Um diese 4 Nägel wird rundherum ein Bindfaden gespannt. Legen Sie auf diesen Bindfadenrahmen ein Stück transparentes Drachenpapier, das größer als die Drachenraute ist. Schlagen Sie das Papier um den Bindfaden und kleben es auf der Rückseite fest. Binden Sie einen kurzen Drachenschwanz

an der unteren Ecke des Drachens fest (Drachenschwanz siehe „Drachenschwanzgirlande für die Tischdekoration", Bindfaden etwa 30 cm lang). Schreiben Sie dann die Einladung für das Fest mit einem Filzstift auf das Drachenpapier. Die Einladungen können Sie in wattierten Umschlägen (DIN A 4) verschicken.

Wenn Ihnen das Drachenbauen zu aufwendig ist, können Sie bunte Herbststräuße anstatt der Einladungskarten basteln. Sammeln Sie dazu während eines Waldspaziergangs buntes Herbstlaub (am besten große Blätter, z. B. Ahornblätter). Schreiben Sie die Einladungen auf Papier, rollen Sie dieses eng zusammen und knoten Sie ein Stück Bast oder Kordel darum. Binden Sie diese Papierrolle mit den großen Blättern zusammen zu einem Strauß, den Sie an jeden Gast als Einladung verteilen.

Die Tischdekoration

Wenn Sie eine etwas verspielte Tischgestaltung mögen, malen Sie mit Wasserfarben oder Buntstiften bunte Drachen auf eine Papiertischdecke (Papiertischdecken bekommen Sie in Geschäften für Partyzubehör). Auf die so gestaltete Tischdecke können Sie zusätzlich eine Drachenschwanzgirlande legen oder diese über den Tisch hängen. Die Girlande basteln Sie, indem Sie an einen etwa 2 m langen Bindfaden im Abstand von etwa 10 cm bunte Papierstreifen knoten.

Sie können auch eine andere, sehr phantasievolle, herbstliche Tischdekoration herstellen: Sammeln Sie im Wald bunte Blätter und Waldfrüchte, wie z. B. Tannenzapfen, Beeren von Ebereschen, Hagebutten, Bucheckern, Kastanien etc. Legen Sie die Blätter für etwa 2 Tage zwischen Buchseiten, so daß sie glatt werden. Kleben Sie sie danach auf eine weiße Papiertischdecke. Auf dieser können Sie zusätzlich die gesammelten Waldfrüchte verteilen.

Die Getränketips

◆ Bei diesem herbstlichen Menü besteht kein Getränkezwang. Es gilt das Motto: „Erlaubt ist, was schmeckt".

◆ Weintrinker bevorzugen einen Weißwein, z. B. einen trockenen Riesling, von der Mosel oder der Nahe.

◆ Auch Bierliebhaber kommen auf ihre Kosten. Wir empfehlen je nach Region Weiß- oder Bockbier oder auch ein Pils.

◆ Servieren Sie als Aperitif eine Altbierbowle. Sie ist eine westfälische Spezialität, die ursprünglich aus dem Münsterland stammt. Das Bierbrauen hat in Westfalen eine lange Tradition. Früher wurde in jedem Haushalt Bier gebraut, und wer keine eigenen Gerätschaften hatte, konnte sich diese in seinem Dorf beim Bürgermeister ausleihen.

Organisationsplan

◆ **2 WOCHEN VORHER**
Die Einladungen basteln und versenden. Ausgefallene Lebensmittel bestellen.

◆ **4 TAGE VORHER**
Die Tischdecke bemalen oder alternativ dazu das Herbstlaub und die Waldfrüchte sammeln und die Blätter für die Tischdekoration pressen.

◆ **1 TAG VORHER**
Alle Zutaten, bis auf die Kräuter, den Salat, die Brombeeren und die Pilze, einkaufen. Die Tischdecke mit den Blättern bekleben. Die Getränke besorgen und kühlstellen.

◆ **AM MORGEN DER EINLADUNG**
Die Kräuter, den Salat, die Brombeeren und die Pilze einkaufen. Die Stielmussuppe zubereiten (bis einschließlich Schritt 4) und danach kühlstellen.

◆ **2 STUNDEN VOR DEM ESSEN**
Die Altbierbowle ansetzen. Den Salat und die Pilze für die Vorspeise waschen, putzen und gut abtropfen lassen. Beides danach mit Klarsichtfolie abdecken und kühlstellen. Den Tisch decken.

◆ **1 STUNDE VOR DEM ESSEN**
Die Zwetschgen für das Dessert vorbereiten, kochen und kühlstellen. Die Marinade für den Salat zubereiten.

◆ **1/2 STUNDE VOR DEM ESSEN**
Den Salat mit den Steinpilzscheiben auf 4 Tellern anrichten und abgedeckt kühlstellen. Die Suppe langsam erhitzen. Die Stippmilch zubereiten und zugedeckt kühlstellen.

◆ **WENN DIE GÄSTE AM TISCH SITZEN**
Die Bowle servieren. Den Salat marinieren.

◆ **NACH DER VORSPEISE**
Die Blutwurst braten und mit der Suppe servieren.

◆ **NACH DEM HAUPTGANG**
Die Stippmilch zusammen mit den Pflaumen und dem Pumpernickel auf 4 Tellern anrichten.

ALTBIERBOWLE

Infoblock

◆ **Arbeitszeit: ca. 10 Minuten**
◆ **Marinierzeit: ca. 2 Stunden**
◆ **4 Portionen**

Zutaten

300 g Brombeeren
5 EL brauner Zucker
1,5 l Altbier
3 Zweige Zitronenmelisse

1 Die Brombeeren waschen, gut trockentupfen und die Stielansätze entfernen. Die Früchte in eine Schüssel geben.

2 Den Zucker auf die Brombeeren streuen und etwa 100 ml Altbier dazugießen. Das Ganze abdecken und für etwa 2 Stunden kühlstellen. Inzwischen die Zitronenmelisse waschen, trockentupfen und die Blätter abzupfen.

3 Jeweils 2 Eßlöffel Brombeeren mit etwas vom Sud in 1 Glas (z.B. Rotwein- oder Bowlenglas) geben und das Ganze mit frischem Altbier aufgießen. Die Bowle in den Gläsern mit Zitronenmelisse garnieren.

RAPUNZELSALAT MIT STEINPILZEN

Infoblock

◆ **Arbeitszeit: ca. 30 Minuten**
◆ **Garzeit: ca. 3 Minuten**
◆ **4 Portionen**
◆ **ca. 130 kcal je Portion**

Zutaten

250 g Rapunzel (kleiner Feldsalat)
300 g Steinpilze
⅛ l Kalbsfond (S. 6 oder aus dem Glas)
2 Schalotten
⅓ TL mittelscharfer Senf
2 EL milder Rotweinessig
1 Prise Salz
weißer Pfeffer aus der Mühle
2 EL Zitronensaft
3 EL Walnußöl
1 Bund Kerbel
8 Kapuzinerkresseblätter

1 Den Rapunzel verlesen, in kaltem Wasser mehrmals vorsichtig waschen, abtropfen lassen und mit Hilfe einer Salatschleuder das restliche Wasser herausschleudern. Den Salat putzen.

2 Die Steinpilze kurz unter fließendem Wasser vorsichtig waschen, mit einem Küchentuch abtrocknen, putzen und in feine Scheiben schneiden.

3 Für die Vinaigrette den Kalbsfond in einem Topf erhitzen. Die Schalotten schälen, fein hacken und im Fond etwa 1 Minute dünsten. Das Ganze anschließend handwarm abkühlen lassen. Den Senf und den Essig zu dem Fond geben, alles im Mixer oder mit dem Pürierstab pürieren und mit Salz und Pfeffer abschmecken. Das Nußöl nach und nach mit dem Pürierstab daruntermixen.

4 Den Rapunzelsalat vorsichtig mit der Vinaigrette mischen und auf 4 Tellern anrichten. Die Steinpilzscheiben um die Salatblätter herum legen, etwas salzen, pfeffern und mit dem Zitronensaft sowie etwas Walnußöl beträufeln.

5 Den Kerbel waschen, trockentupfen, die Blättchen abzupfen und auf den Steinpilzen verteilen. Die Kapuzinerkresseblätter waschen, trockentupfen, in etwa ½ cm breite Streifen schneiden und auf den Rapunzelsalat streuen.

BEILAGENTIP

Reichen Sie dazu mit Olivenöl beträufeltes, geröstetes Bauernbrot.

REZEPTVARIATIONEN

◆ **Statt des Rapunzelsalates können Sie auch Feldsalat oder Rauke verwenden.**
◆ **Die Steinpilze können Sie eventuell durch rosafarbene Champignons ersetzen.**

STIPPMILCH MIT ZWETSCHGEN UND PUMPERNICKEL

1 Den Quark in ein Sieb geben und etwa 5 Minuten abtropfen lassen. Ihn danach in einer Schüssel mit dem Puderzucker glattrühren. Den Zitronen- und den Orangensaft mit dem Quark verrühren.

2 Die Sahne sehr steif schlagen, vorsichtig unter den Quark heben und alles mit Folie abgedeckt kalt stellen. Die Zwetschgen waschen, trockentupfen, entsteinen und mit dem Gelierzucker und dem Zwetschgenwasser beträufeln.

3 Den Johannisbeersaft zum Kochen bringen. Die Zimtstange zerbrechen, hinzugeben und die Flüssigkeit im offenen Topf auf die Hälfte einkochen lassen. Die Zwetschgen hineingeben und etwa 2 Minuten mitkochen lassen. Das Ganze danach in eine Schüssel geben und für etwa 10 Minuten kalt stellen.

4 Die Stippmilch auf Dessertteller geben. Den Pumpernickel zerbröseln und auf die Quarkmischung streuen. Die Zwetschgen neben die Stippmilch auf die Teller geben.

REZEPTVARIATION

Statt der Zwetschgen können Sie auch Blau- oder Brombeeren verwenden.

PRAKTISCHER TIP

Die Stippmilch muß immer frisch zubereitet werden, da der Quark bei längerem Stehen Wasser zieht.

Infoblock

- ◆ **Arbeitszeit: ca. 40 Minuten**
- ◆ **Garzeit: ca. 6 Minuten**
- ◆ **4 Portionen**
- ◆ **ca. 550 kcal je Portion**

Zutaten

250 g Magerquark
80 g Puderzucker
Saft von 1 Zitrone
Saft von 1 Orange
200 g Sahne
300 g Zwetschgen
100 g Gelierzucker
5 EL Zwetschgenwaser
¼ l schwarzer Johannisbeersaft
½ Zimtstange
80 g Pumpernickel

REZEPTVERZEICHNIS

REZEPTVERZEICHNIS

ISBN 3 8094 1130 2

Layout: Petra Becker
Redaktion: Lore Pötz
Redaktion für diese Ausgabe: Sabine Kieslich
Herstellung: Harald Kraft
Herstellung dieser Ausgabe: Eva Kumar
Fotos: TLC-Foto-Studio GmbH, Velen-Ramsdorf

Satz: Raasch & Partner GmbH, Neu-Isenburg
Druck: Neografia, Martin
Printed in Slovakia

048350195X817 2635 4453 6271
04 03 02 01